Nikl
Der

Niklaus Brantschen

DER WEG
IST IN DIR

Anregungen zur Meditation

BENZIGER

Die Deutsche Bibliothek – CIP-Einheitsaufnahme

Brantschen, Niklaus:
Der Weg ist in dir / Anregungen zur Meditation /
Niklaus Brantschen. – 3. Aufl. 1995 – Solothurn und
Düsseldorf: Benziger, 1992
ISBN 3-545-20116-3

3. Auflage 1995

Umschlaggestaltung:
Graphisches Atelier Hartlieb
unter Verwendung des Gemäldes
»Kleine Komposition III« von Franz Marc, 1913 / 1914
Foto: ARTOTHEK, Peissenberg
Druck und Bindung:
Westermann Druck Zwickau GmbH

ISBN 3-545-20116-3

INHALT

Vorwort   7
Einleitung   9

I. DER RUSSISCHE PILGER

Eine Entdeckung   15
Das Herzensgebet als Weg   27
Hinweise für die Praxis   41

II. DER WEG DES ZEN

Der Ochse und sein Hirte   47
Zum Dialog mit dem Zen   69
Hinweise für die Praxis   78

III. DER SPANISCHE PILGER

Mit Ignatius unterwegs   89
Eine Mystik für den Alltag   102
Hinweise für die Praxis   111

IV. DER WEG ENTSTEHT IM GEHEN

Meditieren mit Leib und Seele   119
Meditieren allein und mit anderen   124
Meditieren ist lernbar   128

Weiterführende Literatur   137

VORWORT

Liebe Leserinnen und Leser!
Eine Aufforderung zur Meditation will dieses
Buch sein. Eine Einladung, den Weg zu gehen von
der Zerstreuung zur Mitte, von der Oberfläche
zur Tiefe unseres Herzens und so zu anderen Menschen und zu allen Dingen.

Das Buch sei sehr persönlich geschrieben, sagte
mir ein Freund, der das Manuskript gelesen hat.
Ich übergebe es Ihnen zusammen mit einer Emp-
fehlung: Wählen Sie für die Lektüre eine ruhige
Stunde, zum Beispiel eine Bahnfahrt. Vielleicht
legen Sie das Buch von Zeit zu Zeit aus der Hand
und fragen sich: Wie ist es bei mir? Kann ich
nachvollziehen, was da geschrieben steht? Mache
ich ähnliche Erfahrungen in meinem Leben oder
mache ich andere? Welche? Wenn Sie auf diese
Weise still und nachdenklich werden und innerlich
bewegt, sind Sie Ihrem eigenen Weg auf der Spur.
Er ist Ihnen nicht ferne.

Mit den besten Wünschen für Ihren Weg.

Zürich, Neujahr 1992   *Niklaus Brantschen*

EINLEITUNG

Gehen habe ich von meinem Vater gelernt, und zwar auf dem Weg zur Weißhornhütte über unserem Dorf Randa im Wallis. Mit sechs Jahren durfte ich mit meinen älteren Brüdern und mit meinem Vater, der die Hütte betreute, mitgehen. Unbeschwert und wie ein junger Hund lief ich den anderen, die schwere Lasten zu tragen hatten, voraus. Mein Vater rief mich zurück. Ich solle hinter ihm gehen und nicht rennen; so käme ich nicht weit. Wir stiegen höher und höher. Die Viertausender der Mischabelgruppe, des Monte-Rosa-Massivs und schließlich auch jene der Berner Alpen zeigten sich einer nach dem andern. Ich wollte ihre Namen wissen, die Namen der Gletscher und die Standorte der Hütten. Mein Vater vertröstete mich. Ich solle warten bis zur nächsten Pause. Beim Gehen dürften wir nicht so viel reden; sonst ginge uns bald der Schnauf aus.

Zehn Jahre später. Ich habe bereits die ersten Hochtouren hinter mir, und nun steige ich mit meinem Vater aufs Weißhorn. Schritt um Schritt, Atemzug um Atemzug, kaum ein Wort wechselnd. Ich erfahre und merke mir: Nur wer gleichmäßig geht, ruhig atmet und regelmäßig Pausen macht, gewinnt an Höhe und gelangt zum Ziel, ohne sich zu erschöpfen und sich damit todbringenden Gefahren auszusetzen.

So habe ich das Gehen gelernt. Wenn ich heute auf meinen Lebensweg zurückschaue, darf ich sagen: Jedes Gehen in Raum und Zeit, jedes Unterwegs-sein und das Bergsteigen zumal gleicht dem Weg hin zu unserer eigenen Mitte. Bei der Schulung auf dem Zen-Weg wurde mir dies besonders deutlich. Wie oft habe ich in Japan eine Zen-Woche mit einer Matterhornbesteigung verglichen! Eine gewisse Aufregung vorweg; die spartanische Unterkunft und das Aufstehen in aller Frühe hier wie dort; das Erleben der Dämmerung; die Verbindung in der Seilschaft oder in der Meditationsgruppe; die Bedeutung eines Begleiters, Führers oder Lehrers; die zeitweiligen Beschwerden von Kopf bis Fuß und der Eindruck, es nicht zu schaffen; das An-die-Grenzen-Stoßen und die «Grenzerweiterung»; die lohnende Aussicht und die beglückende Einsicht; die wohltuende Schwere in den Gliedern und die Leichtigkeit zugleich am Tage danach, wenn die große Anstrengung vorbei ist. Ähnliches könnte ich auch von den dreißigtägigen Exerzitien nach Ignatius sagen, die ich zu Beginn und am Ende meiner Ausbildung als Jesuit machen durfte.

Unterschiedliche spirituelle Wege bin ich gegangen und gehe sie weiter: den Weg des Ignatius von Loyola, den Weg des Herzensgebets und je-

nen des Zen. Die Erfahrungen, die ich dabei machen durfte, und die Überlegungen, die ich dazu
angestellt habe, bilden den Inhalt des vorliegenden Buches.

Je länger ich mich mit dem Thema beschäftige,
um so deutlicher wird mir: Spirituelle Wege führen uns im Grunde nirgendwo hin, es sei denn an
jenen Ort in uns, wo Stille waltet und wo es kein
Kommen und kein Gehen gibt, wo aber jedes
Kommen und Gehen, jedes Tun und Lassen, jede
Tat der Liebe und jedes soziale und politische Engagement ihren Ursprung haben:

Der Weg ist in dir.

I. DER RUSSISCHE PILGER

Immer mehr Menschen halten Ausschau nach einer Weise des Betens, die ohne viele Worte auskommt. Ich selber durfte erfahren, daß zum Beispiel Schweige- und Gebetsnächte zu bestimmten Anliegen in Kirche und Gesellschaft für viele zum Bedürfnis werden. Sie erleben, zumal wenn sie einige Übung im Stille-Sitzen haben, das achtstündige nächtliche Schweigen und Beten als wohltuend und erfrischend, ja beinahe als kurzweilig. Das Gebet ist für sie nicht eine mehr oder weniger mühsame Beschäftigung oder gar eine Pflichtübung. Es ereignet sich vielmehr in ihnen, ist «selbsttätig». Von der Alltagsbetriebsamkeit in Ruhe gelassen, tut das Herz das, was es im Grunde immer tun möchte: Es weitet sich, hebt sich, lobt und dankt. Mit anderen Worten: Es betet und meditiert ganz spontan und seinem innersten Wesen entsprechend. Wo dies geschieht, sprechen wir vom *Herzensgebet*.

Bis es soweit ist, braucht es Übung und Wegweisung. Eine solche Wegweisung bietet die

Schrift *Aufrichtige Erzählungen eines russischen Pilgers*. Für mich war dieses Büchlein eine Entdeckung. Was ich dabei entdeckt habe, und warum der Russische Pilger mein Freund geworden ist, darüber möchte ich zunächst berichten.

EINE ENTDECKUNG

Im Sommer 1968 bin ich ihm zum ersten Mal begegnet. Zu Besuch in meiner Heimat, stöberte ich in einer Bücherkiste, die ich auf dem Dachboden unseres Hauses gefunden hatte, und stieß wie zufällig auf ein Bändchen, das meine Aufmerksamkeit weckte: *Erzählungen eines russischen Pilgers*, in einer Ausgabe aus dem Jahre 1944.* Ich begann zu lesen:

«Ich, nach der Gnade Gottes ein Christenmensch, meinen Werken nach ein großer Sünder, meiner Berufung nach ein heimatloser Pilger niedersten Standes, pilgere von Ort zu Ort. Folgendes ist meine Habe: auf dem Rücken trage ich einen Beutel mit trockenem Brot und auf der Brust die Heilige Bibel; das ist alles. In der vierundzwanzigsten Woche nach Pfingsten kam ich in eine Kirche zur Liturgie, um dort zu beten; gelesen wurde aus der Epistel an die Thessalonicher im fünften Kapitel der siebzehnte Vers; der lautet: *Betet ohne Unterlaß*. Dieses Wort prägte sich mir besonders ein, und ich begann darüber nachzu-

---

* Diese Ausgabe, erschienen in Luzern, enthält nur den ersten Teil. Im folgenden zitiere ich – jeweils mit der Seitenzahl in Klammern – nach der ersten vollständigen deutschen Ausgabe *Aufrichtige Erzählungen eines russischen Pilgers*. Herausgegeben und eingeleitet von Emmanuel Jungclaussen, Freiburg 1974.

denken, wie man wohl ohne Unterlaß beten könne, wenn doch ein jeder Mensch auch andere Dinge verrichten muß, um sein Leben zu erhalten. Ich schlug in der Bibel nach und sah dort mit eignen Augen dasselbe, was ich gehört hatte, und zwar, daß man ohne Unterlaß beten, bei allem Gebet und Flehen allezeit im Geiste beten und darin wachsen muß in Ausdauer und allerorts mit zum Gebet erhobenen Händen. Ich dachte viel darüber nach, wußte aber nicht, wie das zu deuten sei.» (S. 23)

Dieses Buch, das spürte ich sogleich, hatte mir etwas zu sagen. Ich fühlte mich vom unmittelbaren, direkten Ton der Sprache angesprochen, wohl nicht zuletzt deshalb, weil ich damals ein erstes Jahr Theologiestudium mit eher trockenen Einführungen in Form- und Redaktionsgeschichte und mit Vorlesungen über die Entstehung und Entwicklung der christlichen Dogmen hinter mir hatte. Vielleicht auch, weil ich kurz zuvor in Lyon, wo ich studierte, miterlebte, wie Studentinnen und Studenten, unzufrieden mit dem Status quo, den Aufstand probten und für ein Leben mit weniger Bürokratie und mehr Freiheit demonstrierten. Selbst wir jungen Jesuiten streikten damals in der ordensinternen Fakultät, um der Forderung nach einer neuen Examensordnung Nachdruck zu verschaffen.

Wie dem auch sei. Ich las weiter bei dem Russischen Pilger und erfuhr, wie er sich auf den Weg macht, um bei Predigern und anderen Menschen, die es wissen müßten, mehr über das innere Gebet zu erfahren. Er findet viele, die schön über das Gebet zu reden verstehen, aber er findet keinen Menschen, der ihn lehrt, *wie* er es erlernen könnte. Doch schließlich begegnet er einem Starez*, der das unablässige innerliche Gebet «genau und aus Erfahrung» kennt, ja es gleichsam verkörpert. Dieser gibt unserem Pilger folgende Belehrung: «Das unablässige innerliche Jesusgebet ist das ununterbrochene, unaufhörliche Anrufen des göttlichen Namens Jesu Christi mit den Lippen, mit dem Geist und mit dem Herzen . . . bei jeglichem Tun, allerorts, zu jeder Zeit, sogar im Schlaf. Es findet seinen Ausdruck in folgenden Worten: Herr Jesus Christus, erbarme dich meiner! Wenn sich nun einer an diese Anrufung gewöhnt, so wird er einen großen Trost erfahren und das Bedürfnis haben, immer dieses Gebet zu verrichten, derart, daß er ohne dieses Gebet gar nicht mehr leben kann, und es wird ganz von selbst aus ihm strömen. Verstehst du nun, was das unablässige Gebet ist?» (S. 30)

Der Pilger versteht, aber er möchte mehr wis-

---

* Ein Starez, wörtlich «Alter», ist ein durch lange intensive Übung im geistlichen Leben erfahrener Mönch, der andere Mönche, aber auch «Laien» in geistliche Schulung nimmt.

sen, und so unterweist ihn der Starez bis in die Morgenstunden hinein. Aus dem Buch *Die Tugendliebe* zitierend, läßt er ihn wie folgt üben: «Setz dich still und einsam hin, neige den Kopf, schließe die Augen; atme recht leicht, blicke mit deiner Einbildung in dein Herz, führe den Geist, das heißt das Denken aus dem Kopf ins Herz. Beim Atmen sprich, leise die Lippen bewegend oder nur im Geiste: ‹Herr Jesus Christ, erbarme dich meiner.› Gib dir Mühe, alle fremden Gedanken zu vertreiben. Sei nur still und habe Geduld und wiederhole diese Beschäftigung recht häufig.» (S. 31)

Der Pilger ist glücklich. Er hat endlich einen Lehrer für das innere Gebet gefunden, und er findet zudem bei einem Bauern eine leichte Arbeit, die es ihm erlaubt, das Herzensgebet zu üben.

Ich war beinahe neidisch auf den Pilger. Er hatte günstige Bedingungen. Aber wie sollte ich zu einer solchen Gebetsweise finden? Eine erste Gelegenheit schien sich zu bieten. Zu Beginn des neuen Semesters war eine intensive spirituelle Woche vorgesehen: acht Tage Exerzitien im Sinne des Ignatius von Loyola. Bei der Gelegenheit, so nahm ich mir vor, wollte ich mit der Übung des Jesusgebetes beginnen. Inzwischen vertiefte ich mich in die spannenden Erzählungen des Pilgers.

Auf der Bahnfahrt zwischen Genf und Lyon erfuhr ich, wie der Starez seinen neuen Schüler an die jedem Menschen gegebene Fähigkeit erinnert, Worte auszusprechen und also auch die Fähigkeit, *mündlich* und unablässig das Jesusgebet zu verrichten. Dies würde ohne Zweifel den Zugang zum Herzen erschließen. Mit Hilfe der Rosenkranzschnur solle der Pilger fürs erste dreitausend Gebete am Tag verrichten, ob beim Stehen oder Sitzen, beim Gehen oder Liegen. Nicht laut und ohne Eile solle er es sprechen «dreitausendmal am Tag», ohne aus eigenem Ermessen etwas hinzuzufügen oder zu streichen.

Ich traute meinen Augen nicht. Dreitausendmal! Ist dies, so fragte ich mich, die Antwort auf den im Mai zuvor (1968) versuchten Aufbruch aus Normen und verfestigten Strukturen? Wie sind solch genaue Vorschriften vereinbar mit Spontaneität und der Freiheit eines Christenmenschen? Doch die Neugierde und beinahe so etwas wie ein sportlicher Ehrgeiz waren geweckt.

In Lyon angekommen, machte ich gleich anderntags, im Garten von Fourvière auf- und abgehend, die Probe aufs Exempel. Ich übte mehrere Stunden am Tag und erfuhr, was auch der Pilger erfahren hatte. Das Gebet «sprach sich bequemer und leichter, nicht mehr so wie früher mit einer Nötigung dazu». (S. 34) Und dann las ich, wie der Starez das Pensum auf sechstausend Jesusgebete am Tag verdoppelt. Ich konnte mir das nicht richtig vorstellen und fragte mich auch, wie eine solche Übung mit dem Programm oder besser: mit dem Prozeß der Exerzitien, die in wenigen Tagen beginnen sollten, vereinbar sei und ob der Exerzitienbegleiter das überhaupt billigen würde.

Die Exerzitien hatten begonnen. Pater Laplace, dem der Ruf vorauseilte, ein beredter Prediger zu sein, begleitete uns in diesen Tagen. Am ersten Abend gab er einige Erläuterungen und zitierte unter anderem aus der 20. Anweisung des Exerzitienbuches: Die Abgeschiedenheit dieser Tage dient dazu, daß der übende Mensch «seine Verstandestätigkeit nicht aufgespalten auf viele Dinge richtet, sondern mehr seine ganze Aufmerksamkeit auf eine einzige Sache verlegt», nämlich offen zu sein für Gott. Im Grunde, so sagte Pater Laplace, handle es sich hier nicht um die Tätigkeit des Verstandes, es sei vielmehr das Herz, welches den Geist auf das «eine Notwendige» hin zu sammeln vermöge. Im übrigen sollten wir uns weniger von seinen Vorträgen als von unserer Grundverfassung und von der inneren Stimme leiten lassen und bei dem verweilen, was uns gerade anspreche.

Das ermutigte mich, und so war ich entschlossen, den täglichen Vortrag zu hören, an der Eucharistiefeier teilzunehmen und im übrigen, zumal an den Nachmittagen, beim Jesusgebet zu bleiben. Zunächst geriet ich mit dem täglichen Pensum von sechstausend Gebetsanrufungen unter Druck, um nicht zu sagen in «Streß». Dies um so mehr, als ich versuchte, das Gebet in Anlehnung an den Russischen Pilger mit dem Atem zu verbinden: «Geistig ins Herz blickend und die Luft einziehend, stellte ich mir vor und sprach: Herr Jesus Christus – und dann die Luft wieder hinausstoßend: erbarme dich meiner.» (S. 58 f.) Auch erinnerte ich mich, beim Pilger gelesen zu haben, daß bei ihm das Gebet ganz von selbst ins Herz überzugehen begann und dieses anfing, gleichsam die Gebetsworte mit jedem Schlag auszusprechen: 1. Herr, 2. Jesus, 3. Christus . . .

All das war des Guten zuviel. Bei genauem Nachlesen in der Erzählung des Pilgers stellte ich dann aber fest, daß die Anweisungen über Atem und Herzschlag an anderer Stelle stehen und nicht mit dem Zählen gekoppelt sind. So kehrte ich zum einfachen Gebet zurück. Aber immer noch kam ich mir vor wie eine tibetische Gebetsmühle. Doch in der dritten Nacht wachte ich auf und hatte den Eindruck, das Gebet habe mich geweckt. «Ich schlief, doch es wachte mein Herz.» Dieser Vers aus dem Hohenlied der Liebe fiel mir ein; in der Frühe las ich dann mit Genugtuung eben diesen Vers auch beim Pilger.

In einem ersten Gespräch mit Pater Laplace berichtete ich etwas zögernd von meinen Erfahrungen mit dem Jesusgebet und fragte, was er mir rate. Er hörte zu, stellte einige Rückfragen, vor allem in bezug auf meinen inneren Frieden und die Ruhe, und sagte dann ganz entschieden: Continuez, continuez! Machen Sie weiter, machen Sie weiter!

Und so machte ich weiter. Ich folgte dem Text des Russischen Pilgers, dem der Starez zuruft, er solle die Zeit nicht müßig verlieren, sondern mit Gottes Hilfe von jetzt an möglichst früh aufstehen und möglichst spät schlafen gehen und zwölftausendmal am Tag das Jesusgebet sprechen. Ich rechnete nach und stellte auf Grund der bisherigen Erfahrungen fest: Dies bedeutet mindestens acht Stunden pro Tag. Rein theoretisch war das möglich: In der Frühe zwei Stunden, vormittags zwei Stunden, nachmittags und abends je zwei Stunden. Aber praktisch? Nun, ich war entschlossen, es zu probieren – «mit der Hilfe Gottes», wie der Starez sagte.

Die «Zwölftausendregel» schien mich total zu überfordern: Beim unentwegten Sprechen des Gebetes blieb mir buchstäblich die Spucke weg, und der Kiefer begann weh zu tun. – Später werde ich in der Schule des Zen lernen, daß körperliche Müdigkeit der Sammlung durchaus dienlich sein kann. Damals konnte ich mir das nicht vorstellen.

Doch nach weiteren drei Tagen durfte ich tatsächlich erfahren, wie sich mit der fortgesetzten Übung auch eine Leichtigkeit und Freude an eben dieser Übung einstellen kann. Beim Pilger las ich dann, was der Starez dazu sagte: «Es ist dies eine natürliche Sache, die von der Übung herrührt, so wie eine Maschine, deren Hauptrad man in Schwung bringt oder antreibt, noch lange hierauf selbsttätig weiterläuft.» (S. 36) Das war ernüchternd, aber sehr klug. Mein Vertrauen zum Starez wuchs. Trotzdem war ich entschlossen, ihm nicht mehr zu folgen, wenn er das tägliche Pensum nochmals verdoppeln sollte. Doch siehe da: Er gestattet dem Pilger, das Gebet von jetzt an so oft zu verrichten, wie er will, wobei er sich dem Willen Gottes hingeben und von ihm Hilfe erwarten soll.

Und so tat auch ich. Am siebten Tag gelangte ich mit dem Jesusgebet auf den Lippen und im Herzen über lange, von Pappeln gesäumte Straßen und schmale Feldwege bis nach Ars. Ich betrat die Kirche, setzte mich in die hinterste Bank und dachte unwillkürlich an jenen Bauern, der hier an dieser Stelle zum Pfarrer von Ars gesagt haben soll: «Ich schaue ihn an, und er schaut mich an, und wir sind beide glücklich.»

Ja, ich war glücklich an jenem Nachmittag in Ars. Die tausend Rufe hatten ihr Ziel erreicht: Durch die heilsame Monotonie der Übung kam das Herz zur Ruhe, oder vielmehr: die ihm eigene

Ruhe konnte sich auf meinen Leib und meine Seele auswirken.

All die Fragen, die ich als junger Theologe hatte: Wer ist Gott, wie ist er, was sagt er uns ... waren mindestens für heute ohne Gegenstand.

Die acht Tage Exerzitien gingen zu Ende. Nach einem längeren Gespräch mit Pater Laplace hielt ich folgendes für mich fest: *In diesen Tagen ist der Russische Pilger mein Freund geworden. Nicht ohne Anteilnahme las ich gestern abend in seiner Erzählung, daß sein Starez gegen Ende des Sommers gestorben sei. Und nun pilgert er weiter von Ort zu Ort, aber nicht mehr wie früher von innerer Not geplagt. Das Jesusgebet erfreut ihn unterwegs, und alle Menschen sind gütig zu ihm, so als hätten ihn alle liebgewonnen. Aber nicht nur die Menschen, die ganze Schöpfung ist ihm nahe! «Die Bäume, die Gräser, die Vögel, die Erde, die Luft, das Licht, alles schien gleichsam zu mir zu sprechen, daß es für den Menschen da wäre, die Liebe Gottes zum Menschen bezeuge, und alles betete, alles war voller Lobpreisung Gottes. Und da verstand ich, was in der Tugendliebe mit dem Worte gemeint ist: ‹Die Sprache der Kreatur verstehen›. Und ich sah den Weg, den man zu beschreiten hat, um mit Gottes Geschöpfen Zwiesprache zu führen.»* (S. 50)

Pater Laplace, dem ich diese Stelle vorlas, zeigte sich überrascht, wie sehr die Erfahrung des Pilgers – und meine eigene Erfahrung – mit dem

Text zu Beginn und besonders zum Schluß des Exerzitienbüchleins von Ignatius übereinstimmt, nämlich mit der «Betrachtung zur Erlangung der Liebe» zu allen Geschöpfen. Dann sagte er: «Ich freue mich für Sie. Exerzitien sind aber im wesentlichen eine Beschäftigung mit dem Leben Jesu. Es würde mich interessieren, wie es Ihnen damit ergangen ist und was der Pilger dazu sagt. Denn wenn ich richtig sehe, ist das Jesusgebet ein Weg der Sammlung und Ruhe, ohne den *Inhalt* des Evangeliums zu beachten.»

Ich war froh über diese Frage. Sie gab mir Gelegenheit, «mein» Jesusgebet besser in Übereinstimmung zu bringen mit dem Studium der Theologie, das ich anderntags wieder aufnehmen sollte. Ich verwies auf das Gespräch, das der Pilger unterwegs mit einem Hauptmann hatte und das genau diese Frage erörtert. Das Gespräch endet so: «Dann beteten wir zusammen; der Hauptmann las das Markusevangelium vom ersten Kapitel an, ich hörte zu und verrichtete im Herzen das Gebet.» (S. 48)

Auf die Worte der Bibel hören und im Herzen beten, dies – so sagte ich Pater Laplace – sei für mich wie ein Schlüssel für das Verständnis der Beziehung von Jesusgebet und Bibel. Es gehe darum, das eine zu tun und das andere nicht zu lassen. Der Pilger habe öfter in der Bibel gelesen, und er habe dank der «Tugendliebe» und des

Jesusgebetes den inneren Sinn des Wortes Gottes zu verstehen begonnen.

Pater Laplace nickte verständnisvoll und ermutigte mich nochmals, weiterzumachen und das Jesusgebet bei allem Studieren nicht zu vernachlässigen.

Froh und dankbar fuhr ich nach Lyon zurück.

DAS HERZENSGEBET ALS WEG

Die Tage im Herbst 1968, die mir die Begegnung mit dem Russischen Pilger brachten, waren nicht nur eine Episode in meinem Leben. Ich habe das Jesusgebet nie mehr aufgegeben, oder besser: Es hat mich nie mehr verlassen und begleitet mich heute mehr denn je. Inzwischen habe ich verschiedene Bücher darüber gelesen und wieder gelesen. Vor allem habe ich zur vollständigen deutschen Ausgabe, die auch den zweiten, eher theologischen Teil der Aufrichtigen Erzählungen enthält, gegriffen. Anhand dieses zweiten Teils und besonders anhand der Philokalie (Tugendliebe), auf die der Pilger so oft Bezug nimmt, möchte ich nun in mehr reflektierender Weise auf das Herzensgebet eingehen. Wenn es so etwas wie eine Theorie des Herzensgebetes gibt, dann finden wir sie in der Philokalie. Wir dürfen sagen: Der Russische Pilger *geht* den Weg, den die Philokalie weist. Wie sieht diese Wegweisung aus?

Das Gebet der Ruhe

In den frühen christlichen Jahrhunderten entstand in der Wüste Ägyptens eine Mönchsbewegung, die unter dem Namen *Hesychasmus* bekannt geworden ist. Der Hesychasmus – das griechische Wort «Hesychia» bedeutet «Ruhe», «Schweigen», «Einsamkeit» – pflegte das «Gebet der Ruhe», das Herzensgebet. Besonders durch das Sammelwerk *Philokalie* ist das Herzensgebet, das vor allem im Jesusgebet seinen Ausdruck findet, verbreitet worden.

Der vollständige Titel dieses mehrbändigen Werkes aus dem 18. Jahrhundert lautet «Philokalie derer, die die Nüchternheit üben». Wörtlich heißt Philokalie «Liebe zum Schönen», übersetzt wird das Wort meist mit «Tugendliebe». Mit Recht, denn Tugend hat allemal etwas mit Schönheit zu tun! Die Autoren dieses für die Frömmigkeit der Ostkirche wichtigen Dokuments sind «klassisch» zu nennen, nicht nur im Sinne von «exemplarisch» und «meisterhaft»; sie sind klassisch auch im Sinne von «alt» und «ursprünglich», reichen sie doch hinab bis ins frühe 4. Jahrhundert. Auch wer nur die Kleine Philokalie, eine geschickte Auswahl der großen Textsammlung, zur Hand nimmt, wird für die Mühe der Lektüre reich belohnt und erhält vielfältige Anregung. Da gibt uns zum Beispiel ein Einsiedler aus dem 4. Jahrhundert den Rat, uns beim Beten nicht «durch das Krabbeln einer Laus oder durch das Beißen eines Flohs, noch durch einen Fliegen- oder Mückenstich» ablenken zu lassen. Oder wir werden daran erinnert, daß Beten erholsam ist. Wer müde von der Arbeit geworden sei, solle beten. Die Abwechslung bringe ihn wieder zu Kräften.

Was muß das für ein Gebet sein, in dem wir weder von Läusen und Flöhen noch von Fliegen gestört werden und bei dem wir uns erholen können! Es ist das Gebet, das selbsttätig aus dem Herzen strömt, ungehindert von allen Widerwärtigkeiten, sei es Ungeziefer oder seien es störende Gedanken, Erinnerungen, Träume, die uns gerade dann befallen, wenn wir uns zum Gebet sammeln wollen. Kurz gesagt: Es ist das Gebet der Ruhe. Es ist das Herzensgebet, von dem Alfons Rosenberg sagt, es weise eine «auffallende Ähnlichkeit mit der Methode des Yoga» auf.*

Das Herzensgebet und «Yoga»

Die *Aufrichtigen Erzählungen eines russischen Pilgers* berichten auf köstlich erfrischende Art von einer Auseinandersetzung zwischen dem Pilger und einem polnischen Amtmann. In der Auseinandersetzung geht es um die *Philokalie* und ihre Nähe zu Yoga und Sufismus. Der westlich-rationalistisch eingestellte Amtmann sagt zum Pilger: «Ah, das ist die *Tugendliebe*. Ich habe dieses Buch bei unse-

---

*   Alfons Rosenberg (Hrsg.), Das Herzensgebet. Mystik und Yoga der Ostkirche, Weilheim 1955, S. 6.

rem Priester gesehen, als ich noch in Wilna lebte; man hat mir aber gesagt, daß es allerhand seltsame Kunststücke enthält und Kniffe, wie man beten müsse; griechische Mönche haben es geschrieben; es ist so ähnlich, wie es in Indien und in Buchara Fanatiker gibt, die dasitzen und sich aufblasen, um dadurch einen Kitzel im Herzen zu verspüren, und in ihrer Dummheit halten sie dieses natürliche Gefühl für ein Gebet, das ihnen von Gott gleichsam verliehen würde. Man muß einfach beten, um unserer Pflicht vor Gott zu genügen; wenn ich am Morgen aufstehe, so bete ich ein Vaterunser, wie es uns Christus gelehrt hat; da bin ich denn für den ganzen Tag in Ordnung und brauche nicht ununterbrochen immer dasselbe zu leiern; auf diese Weise könnte man ja wohl um seinen Verstand kommen; außerdem ist es wohl auch für das Herz schädlich.»

Der Pilger läßt sich von der Argumentation des Amtmanns nicht beeindrucken. Er verteidigt die Philokalie und das Herzensgebet auf überlegene Art: «Denkt nicht so von diesem heiligen Buch, Väterchen. Nicht einfach griechische Mönche haben es geschrieben, sondern große und überaus heilige Männer des Altertums... Und was die indischen und die bucharischen Mönche betrifft, so haben diese ja von jenen die Herzensart des inneren Gebets übernommen». (S. 77)

Die Autoren der *Philokalie* wissen, daß die äußere körperliche Entspannung oder Verspannung sich auswirkt auf die innere seelisch-geistige Sammlung oder Zerstreutheit. Sie rechnen – ähnlich wie das Yoga – mit dem Leib und kennen die Rolle, die dem Atem bei der Praxis des Herzensgebetes zukommt.

Die Bedeutung des Leibes: Im Anschluß an Johannes Klimakus hält zum Beispiel Gregor von Thessalonich fest: Der Gottversenkte (Hesychast) ist ein Mensch, der sich bemüht, «das Unkörperliche im Körper einzufangen» (S. 180).* Und Gregor der Sinait warnt davor, beim Meditieren ungeduldig die Stellung zu ändern. «Denn die Bäume, die oft umgepflanzt werden, fassen keinen Boden» (S. 148). Nicht nur der Leib – «er ist keineswegs schlecht», wie wiederum Gregor von Thessalonich betont –, auch der Atem wird in den Dienst des Herzensgebetes gestellt.

Die Rolle des Atems: Bei Hesychius vom Batos-Kloster (7./8. Jh.) begegnen wir zum ersten Mal der Rolle des Atems. Er bringt ihn in Verbindung mit dem «Herzen». Die Lunge ist zwar das Werk-

---

*   In: Kleine Philokalie. Belehrungen der Mönchsväter der Ostkirche über das Gebet, Zürich ³1989. Im folgenden beziehen sich alle in Klammern angegebenen Seitenzahlen auf dieses Buch.

zeug des Atems, sein Ort aber ist das Herz, die Mitte des Körpers und des Lebens. «Setze dich, wie ich eben sagte, und sammle deinen Geist, ziehe deinen Atem durch die Nase ein; denn das ist der Weg, den der Atem nimmt, um zum Herzen hinabzusteigen. Wenn du ihn dort eine Zeitlang festhältst, wirst du die Freude spüren, die daraus folgt» (S. 131). Der Atem soll ruhig sein, denn, so sagt Gregor der Sinait, «das ungestüme Atmen... verdunkelt den Geist und beunruhigt die Seele. Es zerstreut sie und liefert sie wie einen Gefangenen der Vergeßlichkeit aus oder läßt die verschiedensten Dinge an ihr vorüberziehen und macht sie empfindlich für Unerlaubtes» (S. 148). Das ruhige Ein- und Ausatmen führt dagegen, wie Gregor von Thessalonich sagt, «ganz allmählich zur Einkehr des Geistes in sich selbst. Diejenigen, welche die Ruhe des Körpers und die Versenkung der Seele üben, werden es erfahren (S. 181). Auf die Behauptung, es sei nicht angebracht, beim Beten die Aufmerksamkeit auf sich zu lenken und gleichsam die «Gnade durch Atmung in sich einzuführen», antwortet er: «Es ist keineswegs falsch, die Novizen anzuhalten, auf sich selbst zu achten und ihren Geist zugleich mit dem Atem auf sich selbst zu richten. Welch vernünftiger Mensch wird den, der noch nicht zur Selbstversenkung gelangt ist, abhalten wollen, bestimmte Übungen anzuwenden, um zur Geistessammlung zu kommen?» Haltung und Atmung zielen auf das Freisein von unguten Gedanken, ja von Gedanken überhaupt.

Freiheit von Gedanken – Wachsamkeit: «Wir müssen uns von allen Gedanken freimachen, selbst von den scheinbar guten» (S. 109 f.; ähnlich S. 132, 148, 166 f.). Da es auch für den Erfahrenen schwer und mühevoll ist, «ohne jeden Gedanken das Schweigen der Seele zu wahren» (S. 111) kommen der Wachsamkeit und der Nüchternheit große Bedeutung zu. Wie ein roter Faden zieht sich die Forderung nach diesen grundlegenden Tugenden durch das ganze Sammelwerk der Philokalie. Dabei besteht zwischen der Anrufung des Namens Jesu und der geistigen Wachsamkeit und Nüchternheit eine Wechselbeziehung: «So ergänzen sich geistige Nüchternheit und Jesusgebet und unterstützen sich gegenseitig. Die vollkommene Wachsamkeit stärkt das ununterbrochene Gebet, das Gebet aber vermehrt die vollkommene Wachsamkeit und geistige Nüchternheit», wie uns wieder der Abt Hesychius sagt (S. 108 f.).

Diese Beispiele aus der Philokalie machen deutlich: Eine zumindest methodische Ähnlichkeit zwischen Herzensgebet einerseits und dem Yoga-Weg und islamischen Gebetsmethoden andererseits ist unübersehbar. Aber auch die Meditationsweisen, die unter dem Namen Satipatthana* bekannt sind, zeigen eine auffallende Ähnlichkeit mit der Methode des Herzensgebetes. Ganz zu schweigen vom Zen, dem die Elemente des Herzensgebetes – die Rolle des Leibes, die Bedeutung des Atems, das Freisein von Gedanken und die Achtsamkeit – wohlbekannt sind.

Das Herzensgebet, besonders in der Ostkirche beheimatet, stellt damit gleichsam eine Brücke dar zwischen der Frömmigkeitspraxis westlicher Prägung und (fern)östlichen Meditationswegen. Nicht zuletzt aus diesem Grunde kommt heute dem Weg des Herzensgebetes eine große Bedeutung zu.

Das Herzensgebet und übliche Gebetsweisen

Im *zweiten Teil* der *Aufrichtigen Erzählungen* erfahren wir, was die allgemeine Vorstellung vom Gebet zur Zeit des Russischen Pilgers war: Um zu beten, muß man zur Kirche gehen, muß sich bekreuzigen, die vorgeschriebenen Verneigungen

---

* Satipatthana, wörtlich «vier Erweckungen der Achtsamkeit», ist eine der grundlegenden Meditationsübungen des südlichen Buddhismus, die darin besteht, der Reihe nach die Aufmerksamkeit auf den Körper, die Empfindungen, den Geist und die Geistobjekte zu richten, wobei auf den Körper achten bedeutet: das Ein- und Ausatmen zu beachten.

machen, knien, die Psalmen lesen sowie die Bitt-
gesänge zu bestimmten Anliegen sprechen.

Es gab aber viele, so sagt uns der Pilger, die,
ohne es zu wissen, das innere Gebet verrichteten.
Der Pilger selbst gehörte zu ihnen. Zu der Zeit, da
seine Frau noch lebte und er mit ihr zusammen die
üblichen Gebete verrichtete, stellte er erstaunt fest:
«Eines war doch wunderbar: obwohl wir vom
inneren Gebet, das im Herzen verrichtet wird,
nicht die geringste Vorstellung und auch nie davon
gehört hatten, sondern einfach mit der Zunge
beteten und ganz unvernünftig unsere andächtigen
Verbeugungen machten, war doch die Lust zum
Beten da. Der Lehrer mag wohl recht gehabt haben, der mir einmal sagte, es gebe ein geheimes
Gebet im Menschen selber, von dem er gar keine
Ahnung habe; unbewußt werde es von der Seele
verrichtet, und es rege einen jeden zum Flehen an,
so gut er es gerade könne.» (S. 85 f.)[*]

Später geht der Pilger auf den Unterschied zwischen der üblichen Erklärung und der mystischen
Erklärung des Gebetes ein. Bei der *üblichen* Erklärung sei alles zumeist auf das Tun ausgerichtet.
Die Worte «Geheiligt werde dein Name» besagten
demnach, man solle mit Sorgfalt darauf achten,
den Namen Gottes nicht unnütz im Munde zu

---

[*]   Diese und die folgenden Seitenangaben sind wieder den *Aufrichtigen Erzählungen eines russischen Pilgers* entnommen.

führen, ohne Andacht auszusprechen oder gar damit falsch zu schwören. Die *mystische* Deutung erblicke aber in der ersten Bitte des Vaterunsers die Bitte um das innere Herzensgebet: Der heiligste Name Gottes müsse sich dem Herzen einprägen, durch selbsttätiges Gebet geheiligt werden und seinerseits alle Gefühle und Seelenkräfte des Menschen heiligen.

Laut dem Russischen Pilger vermag das äußere Gebet allein den Menschen nicht von innen her zu verändern, sowenig wie dies Wille und Verstandestätigkeit vermögen: «Welch Gegensatz (des Herzensgebetes) zur rein theoretischen Vernunft und deren sittlichen Anleitungen! Die Vernunft überzeugt: tue dieses Gute und jenes, wappne dich mit kühnem Mannesmut, spanne an die Kräfte des Willens, überzeuge dich von der Tugend an deren guten Folgen; reinige dein Herz und deinen Geist von Träumereien, setze an deren Stelle lehrreiche Überlegungen, tue Gutes, und du wirst geachtet sein und Ruhe finden, lebe so, wie es Vernunft und Gewissen verlangen. Doch wehe! Das alles führt trotz aller Anstrengung nicht zum Ziel ohne häufiges Gebet.» (S. 195)

Dabei geht es dem Pilger nicht darum, die eine Form des Gebetes gegen die andere auszuspielen. Die Teilnahme am Gottesdienst ist für ihn selbstverständlich. Aber er weiß: Ohne den inneren

Mitvollzug, ohne das Gebet der Sammlung und Ruhe, müssen Gottesdienste und mündliche Gebete auf die Dauer zum Gerede und Getue verkommen.

Das Herzensgebet ist allen möglich

Das Herzensgebet ist allen möglich, denn, so sagen die *Aufrichtigen Erzählungen,* der Mensch hat die Fähigkeit, sich in sich selbst zu vertiefen und sein eigenes Inneres zu sehen. Der Pilger weiß aber auch, daß wir uns selber ferne sind und es kaum wünschen, uns näher zu kommen. Vielmehr entfliehen wir uns selber, um uns nicht zu begegnen.

Neben diesem so modern klingenden Widerstand kennen die *Aufrichtigen Erzählungen eines russischen Pilgers* auch echte Einwände. Sie werden gegen Ende des zweiten Teils von einem Professor sowie von einem Priester vorgetragen und von einem Skhimnik* entkräftet.

In einem ersten Einwand gibt der Professor zu, das unablässige Gebet lasse sich wohl bei Abge-

---

* Skhimniks heißen in Rußland Mönche, die außer der üblichen Ewigen Profeß noch ein weiteres Versprechen ablegen, das sie zu einer besonders strengen Form des monastischen Lebens verpflichtet.

schiedenheit und Ruhe verrichten. Wie aber, wenn dienstliche Pflichten und Arbeiten, die keine Unterbrechung dulden, uns in Beschlag nehmen?

Eine gewisse Abgeschiedenheit sei zwar Hauptvoraussetzung für das innere, unablässige Beten. Unsere Beschäftigungen seien jedoch, so sagt der Skhimnik, meist gar nicht so wichtig, daß wir nicht zeitweise die Gelegenheit hätten, den Namen Jesus anzurufen. Dann zählt er Beispiele auf von Menschen, die, mit Verpflichtungen überhäuft und durch Arbeiten, Sorgen und Geschäfte in Anspruch genommen, das Gebet des Herzens erlernt haben: auf der Wanderung und unterwegs auf der Reise, im Kaufstand und auf dem Handwerksschemel. Dank des Herzensgebetes waren sie in den Geschäften entschlossener, faßten sich kurz bei notwendigen Gesprächen mit anderen, machten sich nicht überflüssigerweise dauernd zu schaffen und hatten so mehr freie Zeit für das stille Gebet. Kurz: Sie erfuhren, «daß man zu jeder Zeit, in jeder Lage, an jedem Ort beten kann und es leichtfällt, vom häufigen mündlichen Gebet zum geistigen Gebet aufzusteigen und von diesem zum immerwährenden Herzensgebet, welches das Reich Gottes in uns erschließt». (S. 202 f.)

Kommt aber, so der Einwand eines Priesters, das unablässige Gebet nicht einem müßigen Gerede gleich? «Wäre es nicht besser, wenn auch nur selten, oder zu festgesetzten Stunden, ein wenn auch nur kurzes Gebet, aber mit Aufmerksamkeit, mit Inbrunst, mit Herzenswärme und mit gebührendem Verständnis, zu sprechen?» (S. 204)

Zwar sei das mündliche Herzensgebet anfangs oft mehr Mund als Herz. Doch, so sagt der Skhimnik, «vergebens meint man, dank der Häufigkeit würde man den Zungenschlag bekommen und man würde, gelangweilt von der trockenen Unvernünftigkeit, diese unnütze äußere Gebetsübung überhaupt ganz aufgeben. O nein! Die Erfahrung lehrt etwas ganz anderes.» (S. 207) Sie lehrt, daß das Herz durch die fortgesetzte Übung eine Leichtigkeit gewinnt, unablässig im Zustand des Gebets zu verweilen.

Schließlich besingt der Skhimnik mit Hinweis auf das bekannte Augustinuswort «liebe und tue, was du willst», die Kraft des Gebetes, das aus dem Herzen kommt (Vgl. S. 209–211):

– Bete und denke alles, was du nur willst, und dein Denken wird durchs Gebet geläutert werden. Das Gebet wird deinen Geist erleuchten; es wird alle abwegigen Gedanken vertreiben und dich beruhigen.

– Bete und tue, was du willst, und deine Werke werden Gott wohlgefällig sein, dir selber aber nützlich und heilbringend.

– Bete und bemühe dich nicht, aus eigener Kraft deiner Leidenschaften Herr zu werden. Das Gebet wird sie in dir zunichte machen.

- Bete und fürchte nichts; fürchte dich weder vor Unglück noch vor Unheil. Das Gebet wird dir zur Abwehr dienen und alles abwenden.
- Bete nur irgendwie, aber immer, und laß dich nicht verwirren! Sei fröhlich im Geist und ruhig: Das Gebet wird alles machen und dich unterweisen.

Dieses Gebet ist allen Menschen möglich, ja sogar aller Kreatur. Es wohnt allen und allem innen. So jedenfalls sagt es ein Volksschullehrer, dem unser Pilger begegnet: Alles seufzt naturgemäß und strebt und wünscht sich die Freiheit der erwählten Kinder Gottes; dieses geheimnisvolle Seufzen der Kreatur und das den Seelen eingeborene Streben ist das innere Gebet. Man braucht es nicht zu erlernen.

HINWEISE FÜR DIE PRAXIS

Das innere, unablässige Beten läßt sich nicht lernen wie zum Beispiel irgendeine Handfertigkeit. Wir lernen es, indem wir realisieren, was wir sind, nämlich Gebet.* Dem Tun geht das Sein voraus, dem Akt des Gebetes der Zustand des Gebetes. Wenn wir dies nicht beachten, geraten wir beim Beten unweigerlich in eine Geschäftigkeit und Betriebsamkeit und vergessen, daß wir entscheidende Vollzüge nicht machen, sondern nur zulassen können.

Dies vorausgesetzt, können wir uns fragen, wie wir das immerwährende Gebet, das gleichsam in unserem Herzen verborgen ist und schläft, entdecken und erwecken können.

Form und Weisen der Übung

Wir haben schon wiederholt Hinweise für die Praxis des Herzensgebetes, das vor allem im Jesusgebet seinen Ausdruck findet, gegeben. Zusammenfassend halten wir fest: .

Der Russische Pilger kennt das Jesusgebet in

---

* Vgl. Jean Lafrance, Das Herzensgebet, Münsterschwarzach 1988, S. 16.

folgender Form: «Herr Jesus Christus – erbarme dich meiner.» Es ist dies die Form, die mir persönlich durch langes Üben vertraut geworden ist. Sie läßt sich mit dem Atem wie folgt verbinden: «Herr Jesus Christus» beim Einatmen innerlich gesprochen; «erbarme dich meiner» beim Ausatmen. Bei der kurzen Form «Jesus – Christus» wird beim Einatmen «Jesus», beim Ausatmen «Christus» innerlich wiederholt. Die kürzeste Form und damit buchstäblich das Ein-Wort-Gebet kennt nur den Ruf «Jesus». Wenn Sie diese Kurzform wählen, dann sprechen Sie am besten bei jedem Ausatmen «Jesus».

Das Herzensgebet im Rhythmus der *Herzschläge* zu üben gelingt einem blinden Gefährten des Russischen Pilgers wohl deshalb, weil der Blinde leichter und spontaner auf die inneren Vorgänge wie eben auf das Schlagen des Herzens zu achten vermag (vgl. S. 112f.). Mir selber passiert es gelegentlich, daß ich in der Stille der Nacht am Hals oder im Ohr den Herzschlag wahrnehme und feststelle, daß er sich wie von selbst mit dem Ein-Wort-Gebet verbindet.

Bitte beachten Sie: Die von allen Autoren ausgesprochene Anweisung, das Herzensgebet «bei jeglichem Tun, allerorts, zu jeder Zeit» zu üben, bedeutet nicht, daß nicht auch eine bestimmte Haltung, ein bestimmter Ort und eine bestimmte Zeit für die Übung notwendig ist. *Immer* meditieren kann nur, wer auch gelegentlich ausdrücklich meditiert. Es ist also eine möglichst tägliche Übung in einer *aufrechten Haltung,* die sich auf die innere Sammlung auswirkt, ein *geeigneter Ort,* der nicht zu oft gewechselt werden sollte und eine *bestimmte Zeit* von 20 – 30 Minuten zu empfehlen.

Die Wichtigkeit der Begleitung

Die Rolle eines Lehrers, einer Lehrerin kann beim Weg des Herzensgebetes wie bei jedem spirituellen Weg nicht hoch genug eingeschätzt werden. Wer sich ohne Begleitung auf den Weg begibt, muß, besonders wenn er oder sie in geistlichen Dingen noch wenig Erfahrung hat, mit zeitraubenden und gefährlichen Umwegen rechnen und verfehlt nicht selten das Ziel. Wie ist es aber, wenn eine Begleitung nicht zu finden ist?

Die *Aufrichtigen Erzählungen* geben die Antwort mit einer Äußerung des Mönches Nikephoros: «Beim Üben des inneren Herzenswirkens ist ein wahrhafter, wissender Lehrmeister erforderlich. Fehlt aber ein solcher, so muß man mit Eifer nach ihm suchen, findet man ihn auch dann nicht, so rufe man reumütig Gott um seine Hilfe an, Belehrung und Anweisung in der Lehre der heiligen Väter finden und sich selber am Wort Gottes, an der Heiligen Schrift, prüfen zu dürfen.» (S. 222)

Unser Pilger hatte, wie wir gesehen haben, nur zu Beginn eines Starez (spirituellen Lehrer). Nach dessen Tod hat er sich vor allem der Führung der Bibel und der Philokalie anvertraut. Zudem hat er unterwegs mit Menschen, die einige Erfahrung hatten, Gespräche geführt und war stets bestrebt, gute Ratschläge durch die eigene Praxis zu prüfen.

Das Gespräch mit Gleichgesinnten, die selbst den Weg des Herzensgebetes gehen und etwa in Kontemplationskursen Hilfe und Ermutigung dazu finden, möchte ich auch Ihnen, liebe Leserinnen und Leser, empfehlen.

Ich fasse zusammen: Das «Gebet der Ruhe», heute von vielen gesucht, entspringt selbsttätig dem menschlichen Herzen, dessen tiefste Freude es ist, Gott, den Menschen und den Dingen nahe zu sein. Seine Ähnlichkeit, ja Verwandtschaft mit außerchristlichen spirituellen Wegen ist unübersehbar. Es erstaunt daher nicht, daß Menschen über das Herzensgebet einen Zugang zum Beispiel zur Zen-Meditation finden und umgekehrt. Ich kenne viele, denen sich der Weg des Herzens erschlossen hat durch die Praxis des Zen.

II. DER WEG DES ZEN

Der amerikanische Theologe Harvey Cox hat einmal gesagt, Zen sei für ihn ebenso reizvoll wie ärgerlich, lohnend wie frustrierend, vernünftig wie schwer zu verstehen. Wer es schon einmal mit der Praxis des Zen versucht hat, kann dies bestätigen. Wir werden angezogen von der klaren, fordernden Übung und schrecken doch wieder vor ihr zurück; wir glauben zu verstehen, was mit »Sitzen in Stille« gemeint ist, und doch rückt das, was uns so nahe und vertraut scheint, unversehens in die Ferne und wird uns um so fremder, je mehr wir uns ihm zuwenden und uns mit ihm befassen. Das hat seinen Grund. Denn der Zen-Weg ist noch weniger als ein anderer spiritueller Weg «draußen» zu finden. Er ist in uns, und er ist überall.

In diesem zweiten Teil wollen wir dem Weg des Zen nachspüren und uns fragen, was die Begegnung mit diesem so fremden und zugleich nahen Weg für uns bedeuten kann.

DER OCHSE UND SEIN HIRTE

Was bedeutet Zen und was heißt es, auf dem Weg des Zen sich selber zu finden und zu verwirklichen sowie anderen und der Welt zu begegnen? Auf diese Frage gibt die altchinesische Geschichte vom Ochsen und seinem Hirten eine Antwort, wie sie treffender nicht sein könnte. Meister Kuo-an malte die Bilder, um seinen Schülern den Zugang zum Zen zu erleichtern. Im folgenden kommentiere ich die Ochsenbilder und die Begleittexte von Meister Tsi-yüan. Dabei fließt, wie es sich für die Beschreibung eines Weges gehört, meine eigene Erfahrung bei der Zen-Praxis sowie die Erfahrung, die ich als Leiter von Zen-Kursen mache, in den Kommentar ein.*

---

* Dieses Kapitel basiert auf einem Text von mir, der veröffentlicht wurde in: Karl Frielingsdorf/Medard Kehl (Hrsg.), Ganz und heil. Unterschiedliche Wege zur «Selbstverwirklichung», Würzburg 1990.

ERSTES BILD: Die Suche nach dem Ochsen

Tsi-yüans Begleittext:

Wozu das Suchen? Seit jeher ist der Ochse niemals vermißt worden. Doch es geschah, daß der Hirte sich von sich selbst abwandte: Da ward ihm sein eigener Ochse fremd und verlor sich zuletzt in staubiger Weite.

Die heimatlichen Berge rücken ferner und ferner. Unversehens findet der Hirte sich auf verschlungenen Irrwegen. Gier nach Gewinn und Furcht vor Verlust entbrennen wie aufflammendes Feuer, und die Meinungen über Recht und Unrecht stehen auf widereinander gleich Speerspitzen im Schlachtfeld.

Die ersten Sätze dieses Textes von Tsi-yüan bilden einen Schlüssel zum Verständnis *aller* Ochsenbilder: Wonach wir suchen, das haben wir schon. Der Ochse, unser wahres Wesen, wohnt uns inne. Aber es ist so, wie Meister Hakuin im bekannten Preisgesang des Zazen dichtet:

> Nicht wissend, wie nah ihnen die Wahrheit,
> suchen die Geschöpfe sie in der Ferne – welch Jammer!
> Sie gleichen denen, die im Wasser
> nach Wasser schreien vor Durst.

Und doch gibt es immer mehr Menschen, die den in ihrem eigenen Herzen vergrabenen Schatz entdecken und heben möchten. Sie begeben sich auf den Weg, zum Beispiel auf den Weg des Zen.

Für die Praxis:
In den Zen-Kursen leite ich die Teilnehmerinnen und Teilnehmer etwa wie folgt an: Wir bringen die Tätigkeit unserer Sinne sowie die schweifenden Gedanken zur Ruhe, indem wir aufrecht, gut gespannt und zugleich gelöst auf einem Kissen, einem Schemel oder allenfalls auf einem Stuhl sitzen und auf unseren Atem achten. Ich betone auch immer, wie wichtig es ist, sich selbst in rechter Weise zu motivieren. Das bedeutet einerseits, daß ich wünsche, mehr ich selbst zu werden und offener für die Mitmenschen. Anderseits gehört dazu die Überzeugung, daß ich die Einheitserfahrung nicht erzwingen oder machen kann.

ZWEITES BILD: Das Finden der Ochsenspur

Tsi-yüans Begleittext:
Das Lesen der Sutra und das Hören der Lehren brachte den
Hirten dahin, etwas vom Sinn der Wahrheit zu erahnen. Er
hat die Spur entdeckt. Nun versteht er, daß die Dinge, wie
verschieden gestaltet auch, alle von dem einen Golde sind
und daß das Wesen jeglichen Dinges nicht verschieden ist von
seinem eigenen Wesen. Gleichwohl vermag er noch nicht,
zwischen Echtem und Unechtem zu unterscheiden, geschweige denn zwischen Wahrem und Unwahrem. Noch
kann er nicht durch das Tor hereintreten. So bleibt es auch
erst vorläufig gesagt, er habe die Spur schon entdeckt.

50

Der Hirt ist dem Ochsen auf die Spur gekommen. Das ändert etwas im Suchenden: Das unbestimmte Hin und Her hat ein Ende. Im Text heißt es, der Hirte erahnt etwas vom Sinn der Wahrheit. Damit ist nicht etwa ein dumpfes Ahnen gemeint, sondern das durch Lehrer und Bücher erworbene Wissen, daß alle Dinge eins sind und denselben Wesensgrund haben. Daß ihnen also das *eine* gemeinsam ist, nämlich, daß sie *sind*. Aber dies ist vor allem auf intellektuelle Weise erfaßt und noch kaum auf dem Weg der Erfahrung. Immerhin, die Spur ist entdeckt, und wo eine Ochsenspur ist, da ist auch ein Ochse!

Für die Praxis:
Auf dieser Stufe des Weges schmecken Übende bereits etwas von den Früchten des Zen. Sie haben die Anfangsschwierigkeiten hinter sich und erfahren: «Sitzen» gibt Sinn. Es hat eine wohltuende und kräftigende Wirkung und hilft, den Alltag besser zu bestehen. Energien, die bisher durch ziellose Tätigkeit und endlose Vermehrung müßiger Gedanken vergeudet wurden, werden gebündelt, und wir werden gesammelter und ruhiger, zum Beispiel auch beim betrachtenden Gebet.

DRITTES BILD: Das Finden des Ochsen

Tsi-yüans Begleittext:
Im Augenblick, da der Hirte die Stimme hört, springt er jäh
zurück und trifft im Erblicken den Ursprung. Die schweifenden Sinne sind im gelassenen Einklang mit diesem Ursprung
beruhigt. Unverhüllt durchwaltet der Ochse in seiner Ganzheit jegliches Tun des Hirten. Er west in einer unabdingbaren
Weise an, so wie das Salz im Wasser des Meeres oder wie der
Leim in der Farbe des Malers. Wenn der Hirte die Augen weit
aufschlägt und schaut, dann erblickt er nichts anderes als sich
selbst.

Der Hirte ist in Bewegung gekommen, denn er hat das Ziel erblickt. Dieses Ziel, der Ochse, ist nur zur Erläuterung der Suche und des Findens getrennt vom Hirten dargestellt. In Wirklichkeit ist der Ochse überall, und er ist eins mit dem Hirten. Die Vergleiche mit dem aufgelösten Salz im Wasser des Meeres und dem Leim in der Farbe veranschaulichen diese Einheit.

Die «schweifenden Sinne» zur Ruhe bringen und zu einer länger dauernden und sich wiederholenden tieferen Sammlung kommen: dies sind die Voraussetzungen für die Einheitserfahrung.

Für die Praxis:
Wenn die Zeit reif ist, öffnet sich das innere Auge. Der «Blick in das eigene Wesen» wird möglich. Man nennt dies Kenshô, wörtlich «Wesensschau». Menschen, die einen Blick in ihr wahres Wesen tun dürfen, werden von tiefer Freude und großer Dankbarkeit erfüllt. Zugleich spüren sie die innere Verpflichtung, durch fortgesetzte unermüdliche Praxis des Zazen die Erfahrung zu vertiefen und zu lernen, mehr und mehr aus ihr zu leben. Ich werde nie vergessen, wie sehr mich mein Lehrer Yamada Roshi auf dieser Stufe zum Weitermachen angespornt hat.

VIERTES BILD: Das Fangen des Ochsen

Tsi-yüans Begleittext:

Heute zum ersten Mal wurde der Ochse getroffen, der lange Zeit in der Wildnis verborgen war. Doch die gewohnte und angenehme Welt dieser Wildnis zieht ihn noch so stark hin, daß er nur schwer festzuhalten ist. Noch vermag er sich nicht der Sehnsucht nach dem duftenden Grasbüschel zu entziehen. Noch rast in ihm hartnäckiger Eigensinn, und wilde Tierheit beherrscht ihn. Möchte der Hirte den Ochsen zur echten Sanftmut bringen, dann ist es nötig, mit der Strenge der Peitsche zu züchtigen.

Das Bild spricht für sich. Der Hirte muß harte Arbeit leisten; die Strenge der Zen-Übung ist sprichwörtlich. Fragen wir nach dem tieferen Grund für diesen harten Kampf, so können wir sagen: Der Ochse, sprich: mein ureigenstes Wesen, mein Selbst, ist mir fremd geworden, oder, besser gesagt, *ich* bin ihm fremd geworden. Wir könnten hier eine Betrachtung anstellen über den alten Adam oder die alte Eva, die wir – ach so oft schon! – abgelegt haben. Wir ändern uns nicht auf einmal und auch nicht ein für allemal.

Für die Praxis:
Beim Zen, wie übrigens bei jedem spirituellen Weg, gilt: Eine Erfahrung macht noch keinen Erfahrenen, eine Erleuchtung noch keinen Erleuchteten. Es braucht jahrelange Übung und zum Beispiel das Ringen mit vielen Koan*, bis die Erfahrung in Fleisch und Blut übergeht und wir realisieren: Das wahre Selbst manifestiert sich in jedem Atemzug, in jeder Bewegung, im Sitzen und Stehen, im Kommen und Gehen, im Essen und Trinken, in Arbeit und Gebet, im Umgang mit Natur und Mensch, kurz: in all unserem Tun und Lassen.

---

* Ein Koan-«Rätsel» läßt sich nicht durch logisches Denken lösen, sondern nur, indem die Zen-Übenden eine tiefere Schicht des Geistes wecken.

FÜNFTES BILD: Das Zähmen des Ochsen

Tsi-yüans Begleittext:

Kommt nur im Geringsten irgendein Gedanke auf, dann folgt diesem unumgänglich ein anderer Gedanke nach – endloses Nacheinander. Im Erwachen wird es wahr, im Irren dagegen wird alles unwahr. Alles umweltlich Anwesende ist nicht aus ihm selber, sondern geschieht einzig aus dem anfänglichen Herzen. Halte den Zügel fest und erlaube dir kein Zögern!

Das Zähmen des Ochsen ist ein allmählicher Vor-
gang, nicht so sensationell und dramatisch wie das
erste Erblicken und das Einfangen des Ochsen.
Wenn es am Anfang Kraft und Mut brauchte, so
braucht es jetzt auf dem weiteren Zen-Weg Geduld und Ausdauer. Bild und Text drücken dies
treffend aus: Der Ochse hat sich an den Hirten
gewöhnt. Eine gewisse Vertrautheit ist da, aber
noch trauen sie einander nicht ganz. Der Hirte ist
auf der Hut. Das mühsam Erworbene kann verlo-
rengehen, der Ochse kann weglaufen.

Für die Praxis:
Was der Text von Tsi-yüan über das endlose
Nacheinander der Gedanken sagt, ist den Anfängerinnen und Anfängern im Zen vertraut. Aber
auch Fortgeschrittene kennen diese Situation:
Erinnerungen, Vorstellungen, Gedanken und
Pläne, aber auch kleinliche Eifersucht und Ärger,
zum Beispiel über die Person auf dem Sitzkissen
nebenan, brechen über uns herein, und wir fühlen
uns auf dem Weg um Jahre zurückgeworfen. Aber
die durch lange Übung gewonnene Leichtigkeit,
die Zügel zu halten und ohne zu zögern zur
Übung zurückzukehren, kommt uns zu Hilfe,
und wir finden heim zum «anfänglichen Herzen»,
das heißt zu unserem wahren Selbst, dem wir uns
getrost anvertrauen dürfen, wie das nächste Bild
zeigt.

SECHSTES BILD:
Die Heimkehr auf dem Rücken des Ochsen

Tsi-yüans Begleittext:
Der Kampf ist schon vorüber. Auch Gewinn und Verlust
sind zunichte geworden. Der Hirte singt ein bäuerisches Lied
der Holzfäller und spielt auf seiner Flöte die ländliche Weise
der Dorfknaben. Er sitzt auf dem Rücken des Ochsen und
schaut in den blauen Himmel. Ruft ihn einer an, so wendet er
sich nicht um. Zupft ihn einer am Ärmel, so will er nicht
halten.

Der Kampf ist gekämpft. Was spielen da die Kosten noch für eine Rolle? Gewinn- und Verlustrechnung haben im geistigen Einsatz keinen Platz. Wenn eine Mutter geboren hat, gedenkt sie nicht mehr der Schmerzen. Das Fest beginnt, kein lautes mit Musikkapelle: Die ländliche Flöte paßt in ihrer Einfachheit viel besser zu der stillen Freude des Hirten.

Dieses sechste Bild hängt in vielen japanischen Wohnungen und gehört sozusagen zum nationalen, geistigen Besitz. Entstanden sind die Ochsenbilder aber in China, und das Motiv (das Rind, die Kuh oder der Ochse) stammt aus Indien. Die Geschichte der Ochsenbilder ist ein Zeichen dafür, daß der Reichtum verschiedener Kulturen in das Zen eingeflossen ist.

Für die Praxis:
Wer Zen praktizieren oder gar vermitteln will, sollte stets beherzigen, daß es sich hier nicht um ein plattes Rezept oder nur um eine «Technik» handelt; es handelt sich um einen Weg, der aus der Übung ungezählter Generationen erwächst und seine Würde erhält.

Kommt aber, so könnte man mit Blick auf den friedlich heimreitenden Hirten einwenden, das Zen nicht einer Weltflucht, einem «Ego-Trip» gleich? Die Fortsetzung der Ochsengeschichte entkräftigt eindrücklich diesen Einwand.

SIEBTES BILD:
Der Ochse ist vergessen, der Hirte bleibt

Tsi-yüans Begleittext:
Es gibt keine zwei Dharma (Wahrheiten). Nur vorüberge-
hend ist der Ochse als Wegweiser aufgestellt. Er gleicht etwa
einer Schlinge, in der der Hase, oder einer Reuse, mit der der
Fisch gefangen wird. Jetzt ergeht es dem Hirten, wie wenn
leuchtendes Gold aus dem Erze gebrochen würde, oder der
Mond, von den Wolken sich lösend, zum Vorschein käme. Es
leuchtet das eine kühle Licht, schon vor dem Tage des Wel-
tenaufganges.

Mit diesem Bild setzt eine absteigende Bewegung ein: der Weg zurück in die alltägliche Welt. Dazu gehört, daß der erleuchtete Mensch sich innerlich frei macht von seiner Erfahrung, indem er sie vergißt. Dies geschieht nicht dadurch, daß er diese Erfahrung verleugnet oder verwischt, sondern dadurch, daß er sie in sein Leben integriert und so fruchtbar werden läßt. Wenn dies geschieht, ist der Mensch wahrhaft frei, wie geläutertes Gold oder ein klar scheinender, von Wolken befreiter Mond, wie es im Text heißt.

Für die Praxis:
An dieser Stelle drängt sich eine Bemerkung zur sogenannten Zen-Krankheit auf: das Befangensein von einer kleineren oder größeren Erfahrung, das Steckenbleiben in der Welt der «Leere». Die Krankheit befällt oft auch Menschen, die eben erst mit der Zen-Übung angefangen haben, und nun allen von dieser «wunderbaren Sache» erzählen, indem sie mit Zen-Ausdrücken um sich werfen und ein extravagantes Gehabe an den Tag legen. Solche Menschen verwechseln den äußeren Rahmen, welcher den Ablauf einer Übungswoche begünstigt, mit dem Ziel der Übung selbst: Echte Demut und Selbstlosigkeit.

ACHTES BILD: Die vollkommene
Vergessenheit von Ochs und Hirte

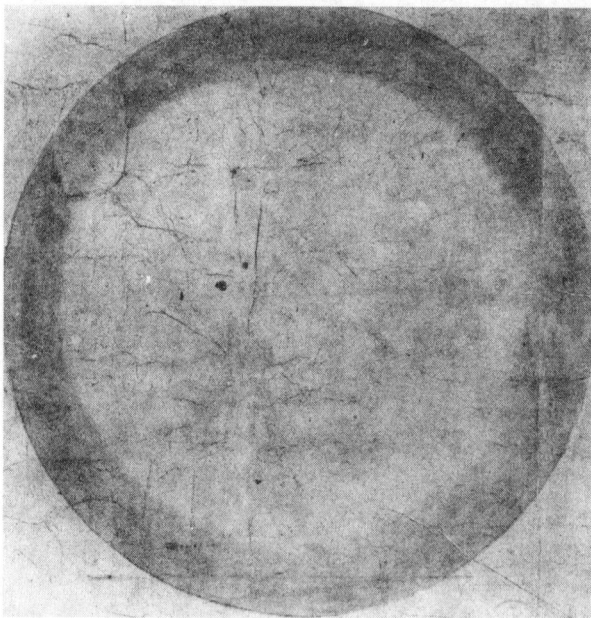

Tsi-yüans Begleittext:
Alle weltlichen Begierden sind abgefallen, und zugleich hat
sich auch der Sinn der Heiligkeit spurlos geleert. Verweile
nicht vergnügt am Ort, in dem der Buddha wohnt. Gehe
rasch vorüber am Ort, in dem kein Buddha wohnt. Wenn
einer an keinem von beiden hängenbleibt, kann sein Innerstes
niemals durchblickt werden, auch nicht vom Tausendäugi-
gen. Die Heiligkeit, der Vögel Blumen weihen, ist nur eine
Schande.

Nun ist auch der Hirte verschwunden. Was bleibt, ist das Nichts, symbolisiert durch den leeren Kreis. Was aber besagt «Nichts» und «Leere»? Shizuteru Ueda, ein Philosoph der zen-buddhistisch geprägten Kyoto-Schule, hat es auf einen Nenner gebracht: «Wenn die buddhistische Lehre vom Nichts spricht, bezieht sie es direkt auf das Selbst des Menschen. Wenn die buddhistische Lehre vom Selbst spricht, so spricht sie zugleich vom Nichts.»* Ueda charakterisiert damit das «Nicht-Erlebnis» als Selbsterfahrung.

Die Leere realisieren bedeutet nämlich, in einer bis auf den Grund reichenden Erfahrung alle Begierden, alle Einsichten und Vorstellungen, auch die religiösen, zu lassen und gleichsam ins Nichts hineinzuspringen. So vollzieht sich das Sterben des «kleinen Ich» (shoga) und ereignet sich die Wende hin zur Erfahrung *und* Verwirklichung des «großen Ich» (daigo), des wahren Selbst.

Für die Praxis:
Zen-Übende mögen nie vergessen: *Leere* ist nicht ein vages Etwas; es ist eine Haltung. «Leere» realisieren heißt radikal frei werden, frei auch vom Geruch der Heiligkeit.

---

* Shizuteru Ueda, Das Nichts und das Selbst im buddhistischen Denken. Zum west-östlichen Vergleich des Selbstverständnisses des Menschen, in: Jahrbuch der Schweizerischen Philosophischen Gesellschaft, Bd. 34, 1974, S. 144.

NEUNTES BILD:
Zurückgekehrt in den Grund und Ursprung

Tsi-yüans Begleittext:
Aus dem Anfang ist es rein, und es gibt keinen Staub. Dort
beschaut einer den wechselnden Aufgang und Untergang des
Seienden und wohnt selbst in der gesammelten Stille des
Nicht-Machens. Er läßt sich nicht von vergänglichen Trug-
bildern der Welt täuschen und bedarf keiner Einübung mehr.
Blau fließen die Ströme, grün ragen die Gebirge. Er sitzt bei
sich selbst und beschaut den Wandel aller Dinge.

Auf den ersten Blick fällt im Text die Betonung der inneren Distanz auf: Da sitzt einer (das wahre Selbst), im ungetrübten Urgrund ruhend, und gibt sich müßig der Betrachtung der Welt hin. Tiefer bedacht, ist aber diese Muße die Voraussetzung für die richtige Begegnung mit der Welt. Der Mensch, der sein wahres Selbst realisiert hat und ganz bei sich ist, kann auch bei den Dingen, «bei der Sache» sein. Genauer gesagt, die Welt – hier symbolisiert durch einen blühenden Baum und fließendes Wasser – ist eins mit dem Menschen.

Für die Praxis:
Die Erfahrung dieser ursprünglichen und grundlegenden Einheit zwischen Menschen und Welt ermöglicht auch die Haltung, welche das nächste Bild thematisiert: das Mit-leiden. Dieses Leiden mit den Menschen ist ohne Leiden an der gefährdeten Schöpfung nicht möglich. Mit anderen Worten: Menschen achtsam und liebevoll begegnen können wir nur, wenn wir den Boden, auf dem wir stehen und von dem wir unsere Nahrung nehmen, die Luft, die wir atmen, erfahren «als wär's ein Stück von mir» und bereit sind, uns schützend für sie einzusetzen. Mich persönlich hat die Zen-Erfahrung beispielsweise dazu geführt, wenn irgend möglich aufs Auto zu verzichten.

ZEHNTES BILD: Das Hereinkommen
auf den Markt mit offenen Händen

Tsi-yüans Begleittext:

Die Reisigpforte ist fest verschlossen, und selbst der weiseste
Heilige kann ihn nicht sehen. Er hat sein gelichtetes Wesen
schon tief vergraben und erlaubt sich, von den befahrenen
Geleisen der altehrwürdigen Weisen sich abzuwenden. Bald
kommt er mit einem ausgehöhlten Kürbis herein auf den
Markt, bald kehrt er mit einem Stab in seine Hütte zurück.
Wie es ihm gefällt, besucht er die Weinkneipen und Fischbu-
den, um die betrunkenen Menschen zu sich selbst erwachen
zu lassen.

Wie sollen wir den zum wahren Selbst erwachten Menschen, im Bild als «gewichtige» Persönlichkeit dargestellt, beschreiben, wie ihn nennen? «Einen unabhängigen, offenherzigen und wahren Menschen? Oder einen Narren? Oder einen Heiligen? Er ist der ‹heilige Narr›». (D. R. Ohtsu) Er ist frei von jeder Fremdbestimmung und Schablone, er verachtet zum Beispiel nicht den Wein, wie dies die Kürbisflasche in seiner Hand andeutet. Lachend wirft er sich ins wogende Leben, um die Menschen von ihrer Verblendung zu befreien. Er tut dies ohne besondere magische Kräfte, ohne Blendwerk und Zauber. Selbst verwandelt, vermag er andere zu verwandeln.

Für die Praxis:
Ein zum wahren Selbst erwachter Mensch ist ganz gewöhnlich, unauffällig, offen für alles und alle. Er ist beheimatet in zwei Welten, in der Welt der Phänomene und in der Welt der Leere, das heißt im Urgrund aller Wirklichkeit, der weder Gestalt noch Form hat. – Und er erfährt beide als *eine* Welt. Shizuteru Ueda sagt es so: «Das wahre erwachte Selbst wohnt nicht im sogenannten Nirwana. Es wohnt auf der viel befahrenen und begangenen Weltstraße und zugleich im Nichts . . . auf der Weltstraße als im Nichts, im Nichts als auf der Weltstraße.»

Fassen wir die Stationen des Zen-Weges zusammen: Der suchende, fragende Mensch steht am Anfang. Seine Entschlossenheit führt ihn auf die Spur des Ochsen, seines wahren, aber vergessenen Selbst. Das begriffliche Erkennen bringt ihn aber nicht weiter. Er braucht die Einsicht, dank derer er den Ochsen erblickt. Dem mühsamen Einfangen folgt das vorsichtige Zähmen, der friedvolle Heimritt auf dem Ochsen und schließlich das Freiwerden von der Anhänglichkeit an die Einheitserfahrung.

Mit dem siebten Bild kommt die «prozeßorientierte» Darstellung des Zen-Weges zum Abschluß. Die achte, die neunte und die zehnte Station der Ochsenbilder stellen gleichsam in einem neuen Anlauf das Wesen des Zen dar, nämlich die Erfahrung der Leere oder – da diese unendliche Möglichkeiten in sich hat – der Fülle. Wer sie erfährt und ins alltägliche Leben zu integrieren vermag, ist nach den Worten des großen chinesischen Meisters Lin-chi († 866) «der wahre Mensch ohne Rang», der ganz konkrete Mensch aus Fleisch und Blut. Sein Name sei, so Lin-chi, Geheimnis. Dieses Geheimnis zu ergründen, nicht durch Spekulation, sondern durch Erfahrung, ist Ziel des Zen-Weges, den zu illustrieren die Ochsenbilder einen Versuch darstellen.

ZUM DIALOG MIT DEM ZEN

Menschen anderer Kulturen und Religionen leben heute nicht mehr nur in anderen Ländern und Kontinenten; sie leben mitten unter uns. Was den Zen-Weg betrifft, so gibt es im Westen nicht wenige Menschen, auch Christen, die diesen Weg ernsthaft beschreiten. Der interreligiöse Dialog zwischen Christentum und Zen ist im Gange, ob wir das wahrhaben wollen oder nicht. Es ist ein Dialog von epochemachender Bedeutung. So jedenfalls sieht es der bekannte Kulturtheoretiker und Geschichtsphilosoph Arnold Toynbee: Wenn in tausend Jahren ein Historiker die Geschichte unserer Tage schreibe, so werde er sich weniger mit dem Vietnam-Krieg, dem Kampf zwischen Kapitalismus und Kommunismus oder dem Rassismus befassen als vielmehr mit dem, was sich ereignete, als Christentum und Buddhismus einander tief zu beeinflussen begannen.[*]

Die Begegnung zwischen Zen und Christentum ereignet sich auf verschiedenen Ebenen.

Da ist einmal die *Ebene der Kongresse und Tagungen*. Sie haben meist die gemeinsame Verantwortung für das Leben und Überleben auf diesem Planeten zum Thema. So hat zum Beispiel 1988

---

[*]   Vgl. dazu H. Küng, Projekt Weltethos, München 1990, S. 148 f.

ein Kongreß an der Sophia-Universität in Tokyo nach dem Verhältnis von «*Mit-leiden*» und «*Nächstenliebe*» (compassion and charity) gefragt. Das Ergebnis läßt sich in etwa so zusammenfassen: Aus der Zen-Erfahrung, die wir als Erfahrung des Eins-Seins mit allem, was ist und lebt, charakterisieren können, erwächst ein grundlegendes Mitleiden, dem jeder Egoismus fremd ist. Diese radikale Selbstlosigkeit scheint uns ähnlich zu überfordern, wie die Bergpredigt und das jüdisch-christliche Gebot der Gottes- und Nächstenliebe. Doch weder die Forderung der Bibel, den Nächsten zu lieben wie sich selbst, noch die Aufforderung des Zen, in der Einheitserfahrung die Quelle umfassender Mitmenschlichkeit und Barmherzigkeit zu entdecken, sind ein moralischer Imperativ, ein nur von außen an uns herangetragener Befehl; sie entsprechen der tieferen Bestimmung des Menschen.

Ein anderes Beispiel: In den USA hat sich die Organisation «Society for Buddhist-Christian Studies» zur Aufgabe gemacht, regelmäßig interreligiöse Begegnungen zu veranstalten.

Der interreligiöse Dialog ist kein spiritueller Luxus, auf den wir gut verzichten könnten. Er ist unerläßlich, denn das Überleben der Menschheit und das Fortbestehen des Lebens auf der Erde überhaupt stehen auf dem Spiel.

Neben dem Dialog auf Kongreß-Ebene gibt es

den *Dialog auf der «Erfahrungsebene»*, trotz gelegentlicher Einwände von seiten Roms. So behandelt beispielsweise ein «Schreiben an die Bischöfe der Katholischen Kirche über einige Aspekte der christlichen Meditation» vom Jahr 1989 östliche Meditationsweisen, namentlich Yoga und Zen, als wären sie eine Sache oberflächlicher Technik, deren sich Christen bedienen können, wenn sie es wünschen, vor deren Gefahren sie aber gleichzeitig gewarnt werden müssen. Dagegen ist zu sagen, Zen ist nicht eine «Technik» und es ist mehr als nur eine methodische Hilfe.

Zukunftweisend ist ein Schreiben des römischen Sekretariates für die Nichtchristen aus dem Jahre 1984. Es charakterisiert den interreligiösen Dialog so: Das Wort Dialog «bezeichnet nicht nur das Gespräch, sondern auch das Ganze der positiven und konstruktiven Beziehungen zwischen den Religionen, mit Personen und Gemeinschaften anderen Glaubens, um sich gegenseitig kennenzulernen und einander zu bereichern.»

Worin besteht die gegenseitige Bereicherung? Was das Zen betrifft, so ist es meine persönliche Überzeugung, daß es – gerade wenn es seinen Reichtum als unübertroffenes Mittel menschenmöglicher Erfahrung bewahren will – vom Westen bereichert werden kann. Was das Christentum oder besser: das Christsein betrifft, so ist es nicht übertrieben zu sagen, daß der ernsthaften Auseinandersetzung und Begegnung mit dem Zen-Buddhismus heute eine ähnliche Rolle zukommt, wie der Begegnung der christlichen Botschaft mit dem griechischen Denken und der römischen Verwaltungsstruktur zu Beginn unserer Zeitrechnung.

Dabei birgt die anstehende Begegnung die Chance in sich, die durch die damalige Verbindung entstandene Einseitigkeit zu korrigieren. Das Rationale und die Strukturen wurden nämlich auch auf religiösem Gebiet so sehr betont, daß sie für den spirituellen Vollzug zu einem Hindernis werden konnten.

Wie ist es aber mit den im abendländisch-christlichen Denken so grundlegenden Begriffen wie etwa dem des «Individuums» und dem der «Person» (des Menschen und Gottes)? Ist hier der Graben nicht unüberwindbar? Nun, die alles entscheidende Frage im Zen ist: Wie kann ich Leere, das wahre Selbst, erfahren und realisieren, das heißt in einem langen Prozeß der Übung in das Leben integrieren? Demgegenüber tritt die Frage nach der Existenz Gottes zurück. Diese Frage wird nicht gestellt und also weder bejaht noch verneint. Wenn sie gestellt wird, lautet die Antwort: «manchmal ‹ja›, und manchmal ‹nein›», wie dies bereits Franz Xaver, der erste Japan-Missionar im Gespräch mit dem Zen-Meister, mit dem

er sich übrigens zu seinem eigenen Erstaunen an-
gefreundet hatte, erfahren mußte.

Da das «Nichts» sowohl das «Ja» als auch das
«Nein» übersteigt, entzieht es sich unserem Denken. Es eröffnet sich den Menschen, die sich auf
den Weg der Zen-Erfahrung begeben, einer Erfahrung, die man als Einssein mit allem und allen
umschreiben kann. Damit aber gibt das Zen keine
Antwort auf die Frage, was Christsein, persönli-
cher Gott usw. bedeutet. Yamada Roshi sagte uns
gelegentlich: «Ich kann Sie zur Zen-Erfahrung
führen; was dies für Sie als Christen bedeutet, kann
ich Ihnen nicht sagen, das müssen Sie schon selber
wissen.» In diesem Sinne ermutige ich alle, die als
Christen den Weg des Zen gehen, diesen Weg nicht
halbherzig, sondern entschieden und mit ganzem
Herzen zu beschreiten und gleichzeitig ihre Identi-
tät als Christen durch Zugehörigkeit zu einer
christlichen Gemeinschaft sowie unter anderem
durch Lesen der Bibel und die Feier der Eucharistie
zu pflegen. In den meisten Fällen stelle ich fest, daß
diese Menschen dank des Zen auch zu einem tieferen Christus-Verständnis geführt werden.

In diesem Zusammenhang liegt es nahe, wenigstens kurz von zwei Vorbildern des Dialogs zwischen Christentum und Zen zu sprechen: dem
Japaner Yamada Roshi (1907–1989) und dem
deutschen Jesuiten Pater Hugo Enomiya-Lassalle
(1898–1990).

Yamada Kōun Rōshi hat als Laie, unterstützt durch seine Frau, während Jahrzehnten «nebenamtlich» im San Un Zendo in Kamakura unzählige Menschen aus Ost und West, darunter auch Pater Lassalle, auf dem Zen-Weg geführt. Dabei machte er durch seine Unterweisung und seine Haltung stets deutlich, daß Zen kein System von Sätzen, Begriffen und Übungen ist, das unter Ausschluß aller anderen spirituellen Wege befolgt werden müßte. Der Generalobere der Jesuiten, Pater Peter-Hans Kolvenbach, dankte ihm in einem Brief vom Dezember 1986 für seine großherzige Haltung sowie für seinen unermüdlichen Einsatz: *«Verschiedene Jesuiten berichteten mir von Ihrer segensreichen Arbeit als Zen-Meister. Sie waren auch so gütig, Ihre Begleitung vielen Christen und in besonderer Weise einigen Mitgliedern der Gesellschaft Jesu zu gewähren. Ihre erleuchtete Führung hat vielen Menschen geholfen, ihre religiöse Erfahrung zu vertiefen und ihr Leben der Kontemplation und des Gebetes zu festigen. Sie haben auch wesentlich den Dialog zwischen Buddhismus und Christentum angeregt und den Aufbau einer friedvolleren und geeinten Welt gefördert.»*

Ich persönlich erinnere mich lebhaft an die Tee-Gespräche nach dem abendlichen Zazen, bei denen Yamada Roshi öfter über die Weltsituation gesprochen und sich Gedanken gemacht hat über die Zukunft der Menschheit. Er verfolgte zum Beispiel mit regem Interesse die Geschehnisse auf den Philippinen und reiste mehr als einmal dorthin, um eine Zen-Gruppe in ihrem Engagement für mehr Gerechtigkeit und Frieden zu unterstützen.

In einem Interview sagte er einmal: «Für mich ist eines der größten Menschheitsprobleme in dieser Zeit die Armut oder genauer gesagt die Lösung des Problems der Armut vieler Völker unserer Erde. Dieses Problem kann natürlich nicht von den Vereinten Nationen oder dem Vatikan allein gelöst werden. Wir alle müssen uns in gemeinsamer Anstrengung die Hände reichen. Könnten nicht Zen und Christenheit in dieser gemeinsamen Zielsetzung zusammenarbeiten?...

Als erstes gilt: Wenn ein Mensch Hunger hat, muß man ihm zu essen geben, denn sonst ist er nicht in der Lage, auf etwas anderes zu hören und noch viel weniger, über Zen oder über das Christentum zu reden. Man muß zuerst das Lebensnotwendige haben, bevor man von dort aus weitergehen kann. Andererseits ist es aber nicht gut, im Luxus zu leben. Ich betone stets, wie wichtig das ‹hin-gakudô› ist, das heißt, wie wichtig es ist, bescheiden und einfach lebend den Weg zu gehen.»[*]

---

[*] In: Ruben Habito, Barmherzigkeit aus der Stille. Zen und soziales Engagement, München 1990, S. 99f.

Hugo Enomiya-Lassalle ist für mich das Beispiel eines Menschen, bei dem sich auf beglückende Weise die Geisteshaltung des Zen mit der christlichen Spiritualität verbindet. Er hat nicht mit der Zen-Praxis begonnen, weil er vom Leben als Christ enttäuscht gewesen wäre. So sagt er in einem Gespräch: «Bei mir ging es nicht darum, daß etwas im Christentum fehlte. Ich wollte ganz einfach mehr über die Mentalität der Japaner lernen. Ich wollte tiefer in die Kultur und den spirituellen Reichtum des Volkes eindringen, zu dem ich gesandt war. Darum begann ich, Zen zu üben. Und was die Weiterführung der traditionellen christlichen Praxis betrifft, war es gerade mein Kontakt mit dem Zen, der mir half, den Reichtum, der in der christlichen Tradition zu finden ist, mehr zu schätzen. Ich denke da an die Mystik in Europa, insbesondere in Deutschland und Spanien.»

Wer Pater Lassalle näher kannte, wußte um seine tiefe Beziehung zu Christus. Ihm ist er in allen Menschen und Dingen begegnet, namentlich aber, so sagte er mir gelegentlich, in der Feier der Heiligen Messe. Die Bedeutung und das Gewicht der Eucharistie kommen buchstäblich zum Ausdruck im Gewicht der Altarsteine, die er in den von ihm erbauten Kirchen und Kapellen aufstellen ließ. So in der Weltfriedenskirche in Hiroshima, so in seinem Zen-Zentrum bei Tokyo. An diesem Altar-Fels, vor dreißig Jahren aus dem Walde geholt, ist immer noch Moos zu sehen. Und auch dies ist ein Zeichen: Wie das Moos mit dem Altar in der Meditationshalle von Shinmei-kutsu verwachsen ist, so war es auch Pater Lassalle. Kardinal Hengsbach bestätigte ihm dies, als er sagte, Pater Lassalle sei sozusagen mit dem Altar verwachsen, und er fügte hinzu, es fiele ihm nicht schwer, an Lassalles Person Züge herauszustellen, die jedem Priester als Vorbild dienen könnten.

Es sind gerade Pater Lassalles Liebe und Treue zu Christus und der Kirche, die ihn zu einem glaubwürdigen Gesprächspartner im Dialog zwischen Buddhismus und Christentum gemacht haben. Und es ist sein reines, auch durch Zazen geläutertes Herz, seine kindliche Demut und seine Großmut, die Meister Yamada zu folgendem Urteil geführt haben: *«Wenngleich Pater Lassalle mein Schüler im Zen ist, kann ich aus der Tiefe meines Herzens sagen, daß er für mich der Meister im Leben ist.»*

Yamada Roshi und Pater Lassalle – zwei Weggefährten und Wegbereiter des Dialogs zwischen Zen und Christentum!

HINWEISE FÜR DIE PRAXIS

Zen ist einfach. Es hat mit dem Naheliegenden zu tun. Ein kurzer Blick auf die beiden großen spirituellen Ströme Chinas, die das Zen geprägt haben, macht deutlich, warum. Für Konfuzius ist der WEG das innere Gesetz.

> Der WEG ist nahe,
> aber die Menschen suchen ihn in weiter Ferne.
> Die Bauern benutzen ihn jeden Tag,
> ohne sich dessen bewußt zu sein.
> Nicht für einen Augenblick können wir von ihm
> getrennt sein.
> Wovon wir getrennt sein können, das ist nicht
> der WEG.

Ich lade Sie ein, lange bei diesem letzten Satz zu verweilen:
Wovon wir getrennt sein können, das ist nicht der WEG.
Dieser Satz kann Ihnen einen gewissen Zugang zum Zen eröffnen.

Mehr noch als der Konfuzianismus hat der Taoismus den Zen-Weg und den Weg der Künste beeinflußt. Das chinesische Schriftzeichen für das *kosmische Prinzip tao* (Weg) wurde zum *dō* der japanischen Künste, und dies nicht nur sprachlich. Wenn wir sho-dō, den Weg der Kalligraphie, sa-dō, den Weg der Teezeremonie, ka-dō, den Weg

des Blumensteckens, ken-dō, den Weg der Fecht-
kunst, kyū-dō, den Weg des Bogenschießens, oder
das auch im Westen populär gewordene jū-dō und
das aiki-dō, und vor allem wenn wir ernsthaft
Zazen praktizieren, finden wir den WEG im Sinne
des Zen. Wir finden ihn als das Umfassende, Abso-
lute, das zugleich ganz konkret und alltäglich ist.
Alltäglich wie das Trinken einer Tasse Tee.

Dies vorausgeschickt, gebe ich nun einige Hinweise zum praktischen Vollzug der Zen-Meditation.

Wie Zazen üben?

«Warum benutzt man gerade das Sitzen in der
Form des Zazen? Es gibt doch noch andere Haltungen wie Stehen, Gehen, Liegen, um den Weg
der Erleuchtung zu betreten?» Als diese Frage
Meister Dogen (1200–1253) gestellt wurde, ant-
wortete er ganz einfach: Weil es seit Generationen
so gemacht wird. Das aufrechte Sitzen ist tatsächlich eine bewährte Haltung und charakterisiert die
Zen-Übung, das Zazen.

«Za» heißt sitzen, «Zazen» heißt sitzende Meditation. Ich habe bereits bei der Erläuterung der
Ochsenbilder einige Hinweise für die Praxis gegeben, zum Beispiel was die *Sitzhaltung* betrifft.
Üblich sind neben dem vollen und halben Lotus-

sitz der burmesische Sitz.* Für Menschen, die etwa aus gesundheitlichen Gründen diese Sitzweise sowie den Fersensitz oder den Sattelsitz, bei dem man ein Kissen zur Entlastung der Fersen zwischen die Füße legt, nicht praktizieren können, besteht die Möglichkeit, auf einem Schemel oder Stuhl zu sitzen. Der Körper aber sollte in jedem Fall aufrecht sein, gespannt und gelöst zugleich.

Neben dem richtigen Im-Leibe-Sein in einer aufrechten Haltung ist das natürliche, ruhige *Atmen* eine entscheidende Übungshilfe. Dabei kann der Atem mit dem Zählen verbunden werden, und zwar auf folgende Weise:

Den Atem einströmen lassen –
und ausströmen lassen: «eins»;
ein- und ausströmen lassen: «zwei»;
ein- und ausströmen lassen: «drei»;
usw. bis zehn.

Dann wieder von vorne: ausatmen: «eins» usw.

Der Atem, die jeweilige Zahl und ich in meinem aufrechten, gespannten und zugleich gelösten Sitzen bilden in *diesem* Augenblick eine unauflösliche Einheit. Alles andere tritt zurück für die Zeit dieser Übung. Das Alltagsbewußtsein wird wie in einem Brennpunkt gesammelt, und

---

* Vgl. Darstellungen dieser Sitzhaltungen bei Robert Aitken, Zen als Lebenspraxis, München 1986, S. 38.

Türen zu tieferen Bewußtseinsschichten öffnen sich.*

So wichtig äußere Haltung und das Achten auf den Atem sind, für das Gelingen der Zen-Übung ist die *innere Haltung,* die Motivation, maßgebend.

Wozu Zazen üben?

Es gibt verschiedene Gründe, Zen zu praktizieren. Ich nenne im folgenden einige, weil dies Ihnen helfen kann, Ihre eigene Motivation zu klären, falls Sie den Weg des Zen gehen möchten.

Zen aus Neugierde: Manche beginnen aus einer gewissen Neugierde mit dem «Sitzen in Schweigen» und lassen es dann wieder sein, um sich einer anderen, weniger anspruchsvollen Übung zuzuwenden.

Zen aus gesundheitlichen Gründen und zur Entfaltung schöpferischer Fähigkeiten: Andere halten an der Übung fest, auch dann, wenn das Neuheitserlebnis vorbei ist. Diese Menschen haben gemerkt, daß das aufrechte und ruhige Sitzen sowie das

---

* Vgl. Niklaus Brantschen, Erfüllter Augenblick, Zürich ³1991, S. 45f.

sorgfältige Achten auf den Atem mit der Zeit zu einer tiefen leib-geistigen Entspannung führt und die Nerven stärkt. Das tägliche Sitzen wird für sie zur guten Gewohnheit. Zu dieser Gruppe gehören wohl auch jene, die Zen praktizieren, um ihre schöpferischen Fähigkeiten zu erhalten und zu fördern.

Zen als Suche nach Sinn: Nicht wenige Menschen machen mit großem Ernst Zazen. Sie nehmen oft an mehreren Übungswochen im Jahr teil und opfern dafür nicht selten ihre Ferien. Die Motive können sie vielfach nicht klar benennen, aber im Grunde ist es wohl die Suche nach dem Sinn des Lebens, die diese Menschen zum Ausharren motiviert: Wer bin ich? Warum bin ich so, und vor allem: Wozu lebe ich?

Zen aus spirituellen Gründen: Schließlich gibt es Menschen, die entschlossen sind, alles was in ihren Kräften liegt, zu tun, um die Erleuchtungserfahrung zu machen: die Erfahrung des ursprünglichen wahren Wesens. Da dieses «Erwachen zum wahren Wesen» psychologische Kategorien übersteigt, können wir hier von einer spirituellen Motivation sprechen. Daisetz T. Suzuki unterscheidet denn auch im Zen zwischen dem «psychologischen Ich», das in eine endliche relative Welt gehört, und «einer Art metaphysischem

Ich» oder wahrem Selbst. Und Heinrich Dumou-
lin betont mit Recht, dem Zen werde die Seele
genommen, wenn es sein Dasein im psychologischen Laboratorium fristen solle.

Wir können also zwischen einer oberflächlichen
und tieferreichenden Motivation unterscheiden,
wobei sich im allgemeinen die Motive mit fortge-
setzter Übung läutern und vertiefen. Doch eine
selbstlose Haltung ist bereits auf den «unteren»
Stufen möglich. Wir können durch Zufall und
von Neugierde bewegt zum Zen stoßen und dabei
doch offen sein für eine umfassende Motivation.
Und wenn wir Zen aus vorwiegend gesundheitlichen Gründen praktizieren, schließt das nicht aus,
daß wir dabei Kraft tanken für unser Engagement, zum Beispiel in einem sozialen Beruf. Auf
der anderen Seite ist das Zen der «höheren» Stufe
nicht ohne weiteres vor Egoismus gefeit. Selbst
auf die durch Zazen ermöglichte «Seinserfah-
rung» können wir uns etwas einbilden und sie wie
ein Seelengärtchen sorgfältig pflegen. Entscheidend für ein richtig verstandenes Zen ist, ob wir es
aus egoistischen Gründen praktizieren, oder ob
wir neben unserem eigenen Wohl auch das der
anderen und der Umwelt anstreben.

Ich kenne einen Kartäusermönch, der nur mit Hilfe von Büchern Zazen praktiziert hat und zu einer gewissen Einsicht gekommen ist. Das ist aber eine Ausnahme. Im allgemeinen ist eine Begleitung nötig, sei es aus Gründen der Motivation, sei es um Umwege oder gar Irrwege zu vermeiden, sei es, weil nur so die Reinerhaltung des Zen, dieses traditionsreichen Weges, gewährleistet ist. Im übrigen gilt für das Zen, wie für alle ernstzunehmenden spirituellen Wege, das Verbot der Nachahmung des Meisters oder Lehrers. In den Erzählungen der Chassidim zum Beispiel überliefert Martin Buber ein Wort des sterbenden Rabbi Sussja: «In der kommenden Welt wird man nicht fragen: ‹Warum bist Du nicht Mose gewesen?› Man wird fragen: ‹Warum bist Du nicht Sussja gewesen?›»

Das Ziel der Zen-Schulung ist also nicht, den Lehrer oder irgendeinen alten Meister zu kopieren. Das wäre ein schlechtes Zeugnis für einen Lehrer, denn ein guter Lehrer bringt «Originale» hervor und keine Kopien. Ziel der Zen-Schulung ist es, seinem ursprünglichen wahren Wesen zu begegnen und dieses im konkreten Alltag auf einmalige, unverwechselbare Weise zu verwirklichen.

«Verachtet mir die Meister nicht», heißt es. Müßte man nicht Ähnliches von Schülerinnen und Schülern sagen? Mir jedenfalls ringt der Ernst und die Entschiedenheit, mit denen viele von ihnen alles daran setzen, mehr und mehr das zu werden, was sie sind, große Achtung ab und beeindruckt mich tief.

An dieser Stelle ist ein Wort fällig zu den verschiedenen *Zen-Schulen*. Von den fünf traditionellen Schulen existieren heute noch zwei, nämlich Rinzai und Soto, die übrigens in fast allen größeren Städten Europas und Amerikas vertreten sind. Neben diesen klassischen Schulen gibt es seit einigen Jahrzehnten eine unabhängige Richtung, die als Sanbō-Kyōdan (Gruppe der drei Kostbarkeiten) bekannt geworden ist. Diese Schule hat sich eine Neubelebung der von Dōgen begründeten Soto-Tradition zum Ziel gemacht; andererseits hat sie die bei Rinzai übliche Koan-Schulung übernommen. Sie wurde gegründet von den Lehrmeistern Harada, Yasutani und Yamada und wird heute geleitet von Kubota Roshi. In Europa ist die Schule durch eine Gruppe von Lehrern und Lehrerinnen, zu denen auch ich gehöre, vertreten.

Der Zen-Weg ist mir in den vergangenen zwanzig Jahren vertraut geworden. Vorher schon und bis zum heutigen Tag ging und gehe ich den Weg, den uns Ignatius von Loyola gewiesen hat. Diesen Weg habe ich, so scheint mir, nicht zuletzt dank der Zen-Meditation tiefer erfaßt. Ihm wollen wir uns nun zuwenden.

III. DER SPANISCHE PILGER

Peregrino, peregrino
que no sabes el camino
dónde vas?

Soy peregrino de hoy,
no me importa dónde voy;
mañana? Nunca, quizás.

Admirable peregrino,
todos siguen tu camino.

Manuel Machado

Pilger, warum gehst du fort,
weißt nicht einmal, zu welchem Ort:
wo gehst du hin?

Allein das Heute zählt, solang ich Pilger bin
und unbesorgt um das Wohin,
soll kommen, was da mag.

Alle folgen deinem Pfad,
nehmen deinen Pilgerstab.

Von diesen Versen läßt sich Ignacio Tellechea in
seinem spannend geschriebenen Buch *Ignatius von
Loyola «Allein und zu Fuß»* leiten. Mit Recht, denn

Ignatius war ein Pilger und er nannte sich selber oft so. Er mußte seinen Weg finden, den äußeren wie den inneren. Zuzeiten war er so sehr vom Dunkel umgeben, daß er nicht die kleinste Spur eines Weges sah und bereit war, einem Hündlein nachzulaufen, wenn dieses ihm den Weg gewiesen hätte. Dann aber, nach Monaten des Dunkels und der Ausweglosigkeit, die ihn an den Rand des Selbstmordes trieben, tiefer Friede, innere Ruhe und ein Licht, dessen Glanz ihn nie mehr ganz verlassen wird. Das geschah dem dreißigjährigen Ignatius 1522 in Manresa in Nordostspanien. Im Licht von Manresa sucht er fortan den Weg, den er geführt wird, und er wird ihn finden.

Ich lade Sie ein, den Spuren seines Weges zu folgen und dabei eine Spiritualität zu entdecken, die wie geschaffen ist für den Alltag.

MIT IGNATIUS UNTERWEGS

Sommer 1991. Unter dem Motto «Auf den Spuren des Ignatius von Loyola» hatten französische
Jesuiten und andere religiöse Gemeinschaften
und spirituelle Gruppen, die sich Ignatius verpflichtet wissen, in Erinnerung an dessen 500.
Geburtstag zu einer Wallfahrt eingeladen. Diese
sollte von Lourdes über die Pyrenäen zum Ge-
burtsort des Franz Xaver führen und von dort
nach Loyola. Nahezu zweitausend junge Frauen
und Männer aus dreißig Ländern sind der Einladung gefolgt. Von der ersten Ausschreibung an
wußte ich, daß ich daran teilnehmen wollte. Einmal als spiritueller Begleiter besonders für die
Teilnehmerinnen und Teilnehmer aus der
Schweiz. Dann aber, und vor allem, hatte ich auch
persönliche Gründe, nach Loyola aufzubrechen.
Ich wollte ein Stück jesuitisches Urgestein entdecken und mich mit meinem spirituellen Erbe
auseinandersetzen.

14 Tage lang wanderten wir – «ein Volk, das
in Zelten wohnt» – über weite Hochebenen,
durch Wälder und Gestrüpp, bergauf und bergab.
Der *äußere* Weg war weitgehend vorgezeichnet.
Den *inneren,* ganz persönlichen Weg galt es zu
finden. Wir suchten ihn mit Hilfe des Kompasses
und der Karte, die Ignatius hinterlassen hat: die

sogenannten «Geistlichen Übungen» oder *Exerzitien*. Diese begleiteten uns von Lourdes nach Loyola.

19. Juli: Lourdes

Vor dem Zelt auf dem Camp der Jugend. Es ist still hier zu dieser nachmittäglichen Stunde. Die *Pilger für Loyola* sind auf dem Platz vor der Basilika, um mit den Kranken zu beten. Am Vormittag erlebten wir dort die Begrüßung der Loyola-Pilger durch die Verantwortlichen der Wallfahrt. Es herrschte Aufbruchstimmung. Erste Lieder wurden gesungen, zum Beispiel:

> Pilger und Pilgerin,
> erhebe deine Augen zu den Bergen.
> Volk ohne Grenzen,
> suche Gottes Spur in allen Dingen.

Dann in kleinen Gruppen der Besuch in der Mariengrotte. Die Felswände der Grotte sind glattpoliert durch ungezählte Berührungen. Eine Frau mittleren Alters drückt ihre Stirn an den Felsen bei der Quelle. Über den Hähnen, die hundert Schritte weiter das Wasser der Grotte für die Pilger zugänglich machen, steht in vier Sprachen geschrieben: «Waschen Sie mit dem Wasser Ihr Gesicht und bitten Sie Gott, daß er Ihr Herz reinige.»

Ich folge dieser Einladung. Dabei wird mir

schlagartig bewußt: Nur wenn die magisch anmutenden Gesten sich verbinden mit dem gläubig bittenden Wort, verkommt der zauberhaft gelegene Ort am Fuße der Pyrenäen nicht ganz zu einer Stätte des Kommerzes und eines billigen Zaubers. Bei der Grotte in Lourdes sind nur zwei Haltungen möglich: distanziertes Beobachten oder ein Sich-hineinnehmen-Lassen in die Schwingung eines heiligen Ortes.

Wir bleiben nicht in Lourdes. Unser Ziel ist Loyola, oder besser: dort, wo uns Loyola hinführt. Morgen werden wir aufbrechen, in vier unterschiedlich schweren Routen, aufgegliedert in «Dorfgemeinschaften» und kleinere Wandergruppen.

20. Juli: Aufbrechen – und sich verirren

Im Norden der spanischen Provinz Navarra haben wir heute unsere Pilgerreise begonnen. Abraham war uns dabei Vorbild:

> «Durch Glauben gehorchte Abraham, als der Ruf an ihn erging, auszuwandern an einen Ort, den er zum Erbe erhalten sollte; und er wanderte aus, ohne zu wissen, wohin es ging. Durch Glauben ließ er sich als Beisasse im Lande der Verheißung wie in einem fremden Lande nieder und wohnte in Zelten mit Isaak und Jakob, den Miterben der gleichen Verheißung.» (Hebr 11,8f.)

Unsere Gruppe hatte sich im Nebel verirrt. Beladen mit schweren Rucksäcken, im Unterholz eines Mischwaldes einen Weg suchen, den es nicht gibt: dies hat uns ganz unerwartet etwas von «trial and error» (Versuch und Irrtum) eines Weges erfahren lassen.

21. Juli: «Betrachten, wie Gott in den Geschöpfen wohnt»

Wir sind in Isaba, einer verlassenen Einsiedelei am Südhang der Pyrenäen, angekommen. Unsere «Dorfgemeinschaft» hat im alten, verschlafenen Garten die Zelte aufgeschlagen. Jetzt sitze ich im Schatten der romanischen Kirche und halte Rückschau.

Am Morgen wurden wir in einem sogenannten «Impuls» eingeladen, im Sinne von *Prinzip und Fundament* des Exerzitienbüchleins, die Welt als Schöpfung zu betrachten. Später beim Wandern fielen mir unentwegt Goethes Verse ein:

> So seh ich in allem
> Die ewige Zier.
> Und wie mirs gefallen,
> Gefall ich auch mir.

Und diese Verse wiederholen sich in mir wie ein Wanderlied im Rhythmus des Gehens. Mich annehmen, ja, Gefallen an mir finden kann ich nur, wenn ich Freude finde an der Welt um mich her. Dies fällt hier, wo die Landschaft «wie ein Vers im Psalter» (Rilke) wirkt, nicht schwer.

Bei der Predigt in der Meßfeier unter freiem Himmel habe ich etwa folgendes gesagt:

Beim Zwischenhalt mitten auf einer blühenden Bergwiese heute mittag und jetzt wieder haben wir den achten Psalm gehört: Die Erde ist dem Menschen untertan, er soll über sie herrschen. Es ist an der Zeit, zu begreifen, daß *herrschen* heißt: dienen, sich sorgen. Und das können wir nur, wenn wir erfahren, wie wir verbunden sind mit allem was ist, auf Gedeih und Verderb. Zum Beispiel stirbt der Wald nicht ohne uns. Wer Schöpfung sagt, sagt Schöpfer. Alles was ist, trägt die Spur Gottes, das Antlitz Christi: Mensch *und* Natur tragen sein Antlitz. Ignatius sagt es am Ende der Exerzitien so: «Betrachten, wie Gott in den Geschöpfen wohnt, in den Elementen, indem er ihnen Dasein gibt, in den Pflanzen, indem er ihnen das Leben schenkt, in den Tieren, indem er ihnen sinnenhafte Wahrnehmung gibt, in den Menschen, indem er ihnen geistige Einsicht verleiht; und so auch in mir: wie er mir Dasein gibt, mich belebt, mir Sinne erweckt und geistige Einsicht verleiht.» (EB 235)*

---

* EB steht für «Exerzitien-Büchlein». Die Zahl bezieht sich auf die übliche Numerierung.

Das Thema Schöpfung wird uns auch noch in den nächsten Tagen beschäftigen. Gebe Gott, daß wir ihn in allem entdecken und ihm dienen – auch dadurch, daß wir uns um das kümmern, was er geschaffen hat.

24. Juli: «Wähle das Leben!»

Wir haben, vom Norden kommend, die Paßhöhe der Sierra Leyre erreicht. Zwischen zwei Felstürmen zeigt sich uns überraschend die Ebene von Javier mit dem dunkelblauen See und den goldgelben Getreidefeldern. Wir machen Mittagspause und lassen uns wie üblich durch einen Text für die Besinnung auf dem weiteren Weg inspirieren. Vorgesehen ist das 30. Kapitel aus dem Buch Deuteronomium, in dem es um das Leben und das Überleben der Menschen auf dem Planeten Erde geht:

> «Den Himmel und die Erde rufe ich heute als Zeugen gegen euch an. Leben und Tod lege ich dir vor, Segen und Fluch. Wähle also das Leben, damit du lebst, du und deine Nachkommen.»
> (Dtn 30,19)

Wähle das Leben! Mit dieser Aufforderung steigen wir von der Paßhöhe hinunter in das grüne Tal, das uns nach den Strapazen der letzten Tage wie das Gelobte Land erscheint. Auf halbem Weg das Benediktinerkloster Leyre. Wir treten ins Halbdunkel der dreischiffigen, burgähnlichen Kirche und singen vierstimmig «Laudate omnes gentes». Da, ich weiß nicht wie, erlebe ich eine große Betroffenheit und Reue darüber, das Leben nicht entschieden genug gewählt zu haben: Ich habe das Leben bis heute, so wird mir bewußt, nicht intensiv genug gewählt, geliebt und gelebt. Jedenfalls nicht so wie Franz Xaver oder Ignatius von Loyola. Die Tränen fließen mir über die Wangen. Schlagartig verstehe ich, warum Ignatius zu Beginn der Besinnung über die Sünden um «intensiven Schmerz und Tränen» (EB 55) bitten läßt. Tränen der Beschämung sind ein Geschenk. Denn diese Beschämung schließt Zuversicht, dieser Schmerz Hoffnung mit ein. Ich trete aus der Kirche und weiß: Allein um dieser Stunde willen hat sich der Weg über die Pyrenäen gelohnt.

Heute abend werden wir in Javier sein.

26. Juli: Javier: Der Ruf des lächelnden Christus

Für heute ist ein sogenannter «Wüstentag» angesagt. Alle werden für sich in Stille den Tag verbringen. Aber noch sitzen wir vor unseren Zelten im kleinen Pinienwäldchen am Fuß des Schlosses Javier. Unser «Dorfältester», ein junger holländischer Jesuit, gibt den Impuls für den Tag: Das

Gesetz Gottes ist uns ins Herz geschrieben, und es überfordert uns nicht.

> «Dieses Gebot, auf das ich dich heute verpflichte, geht nicht über deine Kraft und ist nicht fern von dir. Es ist nicht im Himmel, so daß du sagen müßtest: Wer steigt für uns in den Himmel hinauf, holt es herunter und verkündet es uns, damit wir es halten können? Es ist auch nicht jenseits des Meeres, so daß du sagen müßtest: Wer fährt für uns über das Meer, holt es herüber und verkündet es uns, damit wir es halten können? Nein, *das Wort ist ganz nah bei dir,* es ist in deinem Mund und in deinem Herzen, du kannst es halten.»
> (Dtn 30,11–14)

Das Gebot ist mir nicht fern, das Wort ist nahe bei mir! Ich gehe den Fluß entlang und sinne über diese Worte nach: Unsere wahre Bestimmung finden wir nicht im unruhigen Herumreisen und Jagen nach Glück – bis in den Himmel hinauf und zu den Enden der Erde, wie der Bibeltext sagt. Unsere Bestimmung entdecken wir in der Stille, im Hören nach innen, im Aufbrechen und Unterwegs-Sein wie in der vergangenen Woche. Wir entdecken sie im Entlarven der egozentrischen Betriebsamkeit. Als Christen entdecken wir sie im Blick auf Jesus Christus.

Nachmittags. Ich stehe vor dem Kreuz in der Schloßkapelle von Javier. Der Christus am Kreuz scheint mir zuzulächeln. Unwillkürlich fällt mir der «lächelnde Buddha», eine zwölf Meter hohe Plastik in Kamakura, ein, und ich denke an einen

Aufsatz von Daisetz T. Suzuki über «Kreuzigung und Erleuchtung». Suzuki redet von einer *Kluft* zwischen dem lächelnden Buddha und dem gekreuzigten Christus. Das ist zu einfach gesagt. Es gibt ein Mit- und Ineinander von Sterben und Auferstehung, von «Qual und Herrlichkeit», wie es im Exerzitienbüchlein heißt.

Einmal wird Franz Xaver dieses Miteinander von Schmerz und Glück erfahren. Durch die winterlichen Gefilde Japans wandernd, wirft er mitten in Not und Entbehrung voll Freude einen Apfel hoch und fängt ihn wieder auf. Soweit ist es aber noch lange nicht. Bedacht auf Ruhm und Ehre, ist der jüngste Sprößling auf dem Schloß von Javier noch taub für den Ruf des lächelnden Christus. Erst während der Studien in Paris wird er seine Berufung entdecken und seinen Weg finden. – Nicht zuletzt dank der Geduld und Menschenfreundlichkeit eines um 15 Jahre älteren Zimmergenossen: Ignatius von Loyola. Dieser soll einmal gesagt haben, Franz Xaver sei das härteste Holz gewesen, das er je bearbeitet habe. Später wird die beiden Männer eine buchstäblich weltumspannende Freundschaft verbinden. Franz wird nicht verhehlen, daß er im fernen Asien einen Brief von Ignatius unter Tränen liest und daß er dessen Briefunterschrift eingenäht in ein Kleidungsstück wie ein Amulett auf sich trägt.

Abends. Wir sitzen wieder im Kreis vor unseren Zelten. Ich verteile an alle in der Gruppe ein Bild des lächelnden Christus, das ich vom Kiosk des Schlosses mitgebracht habe. Dabei lade ich sie ein, in den kommenden Tagen, entsprechend dem weiteren Programm der Exerzitien, sich vom Leben Jesu berühren und inspirieren zu lassen. «Christus, der Weg» ist nicht außerhalb von mir. Er ist in mir. Wenn wir immer wieder sein Bild betrachten, werden wir ihm ähnlicher: wir werden, was wir schauen. (Vgl. 2 Kor. 3,18)

Die Nacht ist vom Mond erhellt. Ich liege wach im Zelt und lasse die Tage in Javier in mir nachwirken. Immer wieder sehe ich den lächelnden Christus vor mir, und ich denke an die beiden Freunde Ignatius und Franz, die ihm mit beispielhafter Großherzigkeit nachgefolgt sind. Texte und Bilder sind wichtig. Doch mehr als diese berühren und verwandeln uns Menschen, die Christus gleichförmig geworden sind.

29. Juli: «Das erbitten, was ich will»

Ignatius läßt uns im Exerzitienbüchlein vor jeder Betrachtung um das bitten, was wir im Grunde selber wünschen: «Das erbitten, was ich will». Von dieser spannungsgeladenen Formel lasse ich mich bei dem Impuls, den ich unserer «Dorfgemeinschaft» halte, leiten. Dabei nehme ich Bezug auf eine Heilung, bei der Jesus den Blinden fragt: Was willst du, daß ich dir tun soll? Mit folgenden Fragen entlasse ich die jungen Menschen auf den Weg: Was ist meine tiefste Sehnsucht? Was will ich, daß aus meinem Leben wird? Was erbitte ich von Jesus?

Stunden später. Eine junge Frau spricht mich unterwegs an. Sie ist freudig erregt: «Kann es denn sein, daß meine Wünsche und die Wünsche Jesu an mich identisch sind? Jesus nachfolgen heißt ja dann, sich selber finden und verwirklichen.»

Dies ist weniger eine Frage als eine Feststellung, und so antworte ich nicht, sondern laufe dankbar und nachdenklich weiter. Ein griechisches Sprichwort fällt mir ein: «Die Götter *bestrafen* die Menschen mit der Erfüllung ihrer Wünsche.» Hier sind offenbar Wünsche gemeint, die aus der Oberfläche und nicht aus der Tiefe unseres Menschseins kommen. Die junge Frau neben mir hat aber in diesen Tagen des Unterwegsseins offenbar eine Tiefe erreicht, in der ihre Wünsche nicht mehr enttäuscht, geschweige denn bestraft werden können. Sie hat eine Dimension erreicht, in der sie mit Freude spürt, daß Gottes Wille für uns gleichbedeutend ist mit unserem Wohl.

31. Juli: Loyola: Noch einmal «Wähle das Leben!»

Hier in Loyola herrscht Feststimmung. Gruppen aus aller Welt sind in den letzten Tagen eingetroffen, um am Fest des heiligen Ignatius seinen 500. Geburtstag zu feiern. Ich versuche, vor dem feierlichen Gottesdienst auf dem Platz vor der Basilika noch einmal die Santa Casa, den Ort der Geburt des Ignatius, zu betreten. Es ist aussichtslos. Polizeiwachen überall. Das spanische Königspaar wird erwartet. Ich fühle mich unwohl. Die Diskrepanz zwischen dem Leben in Zelten und dem, was hier sich abspielt, ist zu groß.

Der Gottesdienst hat begonnen. Bereits die erste Lesung läßt mich aufhorchen und gibt mir die gute Stimmung der vergangenen Tage wieder. Wir sind dem Text schon unterwegs begegnet: Ich lege dir heute das Leben und das Glück, den Tod und das Unglück vor... Wähle das Leben! (Vgl. Dtn 30,15.20) Ich finde mich mitten in einer «Wiederholungsbetrachtung», wie sie Ignatius in den Exerzitien immer wieder vorsieht.

Wähle das Leben! Ignatius ist ein Meister der Wahl, und hier an diesem Ort hat er die ersten dazu nötigen Erfahrungen gemacht. Der bei der Verteidigung der Festung von Pamplona Verletzte hat auf dem Krankenlager im Hause Loyola begonnen, die «Geister zu unterscheiden». Er tat dies, indem er ein Gespür für die Freude am Guten entwickelte. Er machte nämlich die Entdeckung, daß eitle Gedanken des Ruhms und der Ehre ihn trocken und mißgestimmt zurückließen; Gedanken an ein Leben nach dem Vorbild heiliger Menschen jedoch zufrieden und froh. Später wird er in den Exerzitien dazu ermutigen, *den* Weg zu gehen, der uns am meisten glücklich macht.

Die Feierlichkeiten gehen zu Ende. Tausende von Basken singen in ihrer Sprache, die mit keiner anderen europäischen Sprache verwandt ist, den Marsch des Ignatius. Er ist *ihr* Heiliger, um nicht zu sagen: ihr Held. Mir ist er in den vergangenen vierzehn Tagen der Wanderschaft vertrauter geworden, ein guter Freund und Weggefährte. Ich habe die Dynamik seiner «Geistlichen Übungen» neu entdeckt und bin überzeugt, daß Ignatius aktuell ist wie eh und je.

EINE MYSTIK FÜR DEN ALLTAG

Ignatius ist aktuell. Die Wallfahrt so vieler junger Menschen nach Loyola im Sommer 1991 und die Erfahrungen, die dabei möglich wurden, sind ein Beweis dafür. Seine Aktualität liegt im Vorrang der spirituellen Erfahrung vor aller Theorie sowie in der konsequent durchgehaltenen Verbindung von Kontemplation und aktivem Leben. Wir wollen dies im folgenden noch etwas verdeutlichen anhand eines Stichwortes, das zunehmend an Bedeutung gewinnt: Mystik.

Mystik ist gefragt

Der Zürcher Theologe Georg Schmid ruft in seinem Buch «Die Mystik der Weltreligionen» geradezu nach Menschen mit spirituellen Erfahrungen: «Einmal einer lebendigen Mystik begegnen, einmal erahnen, was Unmittelbarkeit und Erleben bedeuten, einmal Menschen begegnen, die nicht nur nach Wahrheiten greifen, sondern von Wahrheit ergriffen sind... Die Begegnung mit der Mystik ist die Chance, die heute jedes laue oder sektiererisch irregeleitete Christentum braucht. Die Begegnung mit der Mystik ist die Therapie, die wir am liebsten jedem kranken

Glauben verschreiben würden. Und krank oder angekränkelt ist vieles, was sich Glaube, Christsein, Kirche und christliches Leben nennt.*

Der Glaube ist auf Mystik angewiesen, soll es auch morgen noch Christen und Christinnen geben. Aber nicht nur der Glaube, die Welt und das Leben und Überleben sind gefährdet ohne neue Sicht der Dinge, um nicht zu sagen: ohne ein neues Bewußtsein, das seine Quellen in der Erfahrung der Verbundenheit mit allem und allen hat. Wo dies fehlt, hat der weltweit eingeleitete Prozeß für «Gerechtigkeit, Frieden und Bewahrung der Schöpfung» keine Chance.

So können wir denn sagen: *Mystik* ist gefragt; sie ist notwendig. Aber auch das andere gilt: Mystik ist *gefragt;* Menschen sehnen sich nach ihr. Der Hunger nach spiritueller Erfahrung ist unübersehbar. Immer weniger Menschen geben sich zufrieden mit Theorien über etwas Letztes, mit Reden von etwas Absolutem. Sie wollen es erfahren. «Gottesbeweise» im herkömmlichen Sinne beweisen ihnen nichts, wenn sie nicht mit Erfahrung gedeckt sind, mit der Erfahrung der Wirklichkeit, die wir üblicherweise «Gott» nennen. Dabei ist freilich nicht zu leugnen, daß es neben einer echten Suche nach spiritueller Erfahrung

---

* Georg Schmid, Die Mystik der Weltreligionen. Eine Einführung, Stuttgart 1990, S. 16.

eine Art Mystikbegeisterung gibt. Sie findet sich bei Menschen, die entweder in oberflächlichen Oh- und Ah-Rufen ihrem «mystischen Ahnen» beredten Ausdruck verleihen oder sich mit der Bemerkung: «darüber kann man nicht sprechen» in geheimnisvolles Schweigen hüllen. Es gibt den «Mystizismus», das heißt ein neugieriges Schnuppern an verschiedenen spirituellen Praktiken. Dies kommt einer Flucht vor möglichen Konsequenzen gleich: Es könnte ja sein, daß wir alte Denk- und Verhaltensmuster und zum Beispiel einen umweltfeindlichen Lebensstil aufgeben müssen.

Es gibt den Mystizismus. Wer möchte das bezweifeln? Aber es gibt auch eine echte Mystik, nicht selten auch und gerade bei Menschen, die den Kirchen eher ferne stehen. Diese Mystik können wir umschreiben als die Begegnung im je neuen Hier und Jetzt mit dem Nächstliegenden.* Was aber ist das Nächstliegende? Eine Antwort auf diese Frage kann uns Meister Eckhart geben: «Niemand soll meinen, daß es schwer sei, hierzu zu gelangen, wiewohl es freilich schwer lautet und auch schwer ist, wenigstens im Anfange, beim Abscheiden und Absterben für alle Dinge. Aber wenn man erst hineinkommt, so kann kein

---

*   Zum Leben im «Hier und Jetzt» siehe: Niklaus Brantschen, Erfüllter Augenblick, Zürich ²1991, S. 23–35.

Leben leichter, lustlicher und minniglicher sein. Denn Gott trachtet ja so sehr danach, allezeit bei dem Menschen zu sein . . . Gott ist allezeit bereit, aber wir sind sehr unbereit; Gott ist uns nahe, aber wir sind ihm ferne; Gott ist drinnen, wir sind draußen; Gott ist in uns heimisch, wir sind Fremde.» (Aus der Predigt über Lk 21,31)

Den vertrauten Umgang finden mit Gott, der uns nahe ist und in allen Dingen begegnen will, der uns aber fremd erscheint, weil wir uns selber fremd geworden sind: das gerade ist es, was wir von Ignatius lernen können.

Die Sternstunde des Ignatius

Ignatius von Loyola war nicht in erster Linie ein Verstandes- oder Willensmensch; er war ein Mann des Herzens mit großer mystischer Erfahrung. So sind wir ihm bereits auf der Pilgerreise nach Loyola begegnet. Deutlicher wird dies noch, wenn wir uns dem Bericht der Erfahrung zuwenden, die für sein Leben entscheidend wurde. Es geschah in Manresa. Nach seiner Bekehrung hatte sich Ignatius dorthin zurückgezogen, um in langen Gebeten und harten Bußübungen vom alten Leben Abschied zu nehmen. Nach Wochen tiefer «Nacht» und großer Verzweiflung, die ihn, wie bereits erwähnt, an den Rand des Selbstmords trieben, wurde ihm ein unvergeßliches Erlebnis zuteil. Jahrzehnte später wird er in seiner Autobiographie, bekannt als «Bericht des Pilgers», dieses Erlebnis seinen Sekretär so beschreiben lassen:

Einmal führte ihn seine Andacht zu einer Kirche, die etwas mehr als eine Meile von Manresa entfernt war und – wie ich glaube – den Namen des heiligen Paulus trug. Der Weg dorthin führt den Fluß entlang. In Andacht versunken, ging er so dahin und setzte sich eine kleine Weile nieder mit dem Blick auf den Fluß, der tief unten dahinfloß. Wie er nun so dasaß, begannen die Augen seines Verstandes sich ihm zu eröffnen. Nicht als ob er irgendeine Erscheinung gesehen hätte, sondern es wurde ihm das Verständnis und die Erkenntnis vieler Dinge über das geistliche Leben sowohl wie auch über die Wahrheiten des Glaubens und über das menschliche Wissen geschenkt. Dies war von einer so großen Erleuchtung begleitet, daß ihm alles in neuem Licht erschien. Und das, was er damals erkannte, läßt sich nicht in Einzelheiten darstellen, obgleich es deren sehr viele waren. Nur daß er eine große Klarheit in seinem Verstand empfing. Wenn er im ganzen Verlauf seines Lebens nach mehr als zweiundsechzig Jahren alles zusammennimmt, was er von Gott an Hilfen erhalten und was er jemals gewußt hat, und wenn er all dies in eines faßt, so hält er dies alles doch nicht für so viel, wie er bei jenem einmaligen Erlebnis empfangen hat. Dieses Ereignis war so nachdrücklich, daß sein Geist wie ganz erleuchtet blieb. Und es war ihm, als sei er ein anderer Mensch geworden und habe einen anderen Verstand erhalten, als er früher besaß.

> Nachdem dies eine gute Weile gedauert hatte, warf er
> sich vor einem Kreuz, das dort in der Nähe stand, auf
> die Knie nieder, um Gott zu danken.*

Diesen Bericht – er gleicht übrigens stellenweise
bis in die Formulierungen hinein anderen Er-
leuchtungsberichten, wie etwa denen aus der
Zen-Tradition – müssen wir mehrmals lesen und
sorgfältig bedenken, um nicht über die Dichte
seiner Aussage hinwegzulesen.

Am Cardoner, dem Fluß bei Manresa, ist Ignatius ein «anderer Mensch» geworden, dem «alles
in einem neuen Licht» erscheint und der dadurch
ein tieferes Wissen erreicht. Es ist ein Erfassen der
Dinge von «innen her». Es geht hier also offen-
sichtlich um eine neue Qualität des Wissens und
nicht um eine Quantität, um ein Vielwissen. Vielwissen sättigt unsere Seele nicht. (Vgl. EB 2)

Im neugewonnenen Licht vermag Ignatius
noch deutlicher als früher «zu unterscheiden, welches der gute und welches der böse Geist» sei, er
vermag also die Geister noch besser zu unterscheiden. Die Fortsetzung im *Bericht des Pilgers* macht
dies deutlich. Noch während Ignatius vor dem
Kreuz, das dort in der Nähe steht, kniet, um Gott
zu danken, wiederholt sich bei ihm eine Vision,
die er bisher nicht richtig erkennen konnte. Aber

---

*   Ignatius von Loyola, Der Bericht des Pilgers, Freiburg [2]1991,
S. 65 f.

jetzt sieht er deutlich, daß «jenes Etwas» nicht die gleiche Farbenpracht wie früher trägt. Dieses «Etwas», das die Gestalt einer Schlange zu haben scheint und viele wie Augen glänzende Stellen aufweist, verliert seinen Glanz im noch größeren Glanz des Lichtes vom Cardoner. Ignatius weiß jetzt, was echte Freude ist, und kann sie von oberflächlichen Freuden unterscheiden.

Unwillkürlich werden wir an den Philipperbrief erinnert: «Dahin geht mein Gebet: Eure Liebe möge mehr und mehr wachsen an Erkenntnis und allem Verständnis, damit ihr zu *prüfen* versteht, worauf es ankommt». (Phil 1,9f.) Dieses Prüfen ist nicht so sehr Sache des Intellektes, sondern des Affektes. Das *affektive Kriterium* beruht auf dem richtigen Gespür, dem geistigen «Geschmack» (Weisheit heißt auf Latein sapientia; sapere = schmecken). Die radikale Bekehrung des Ignatius ist nicht «von außen», durch Bußübungen, ermöglicht worden, sondern «von innen» durch die Erleuchtung, durch das «Verspüren und Verkosten der Dinge von innen her» (EB 2). Wer auf den «richtigen Geschmack» gekommen ist, verliert den Geschmack an minderwertigen Dingen, auch wenn sie noch so verlockend sind.

Durch das Erlebnis am Cardoner ist Ignatius *weise* geworden, aber *unwissend* geblieben. *Unwissend,* weil er den konkreten Weg erst suchen mußte; *weise,* weil er diesen Weg gerade mit Hilfe der am Cardoner gemachten Erfahrung finden konnte.

Das ignatianische «Gott finden in allen Dingen»

In einer Vorbemerkung zur letzten Übung der «Exerzitien» – sie trägt den Titel «Betrachtung zur Erlangung der Liebe» – betont Ignatius, daß die Liebe mehr in *Werken* als in *Worten* bestehe. Damit kommt neben und mit der Fähigkeit der «Geisterunterscheidung» ein anderer Aspekt ignatianischer Mystik ins Spiel. Sie steht, wie jede echte (christliche und außerchristliche) Mystik im Dienst am Menschen und an der Welt. Dabei gehen für Ignatius Mystik und Tat, Kontemplation und Aktion ein dynamisches Spannungsverhältnis ein. Dieses Spannungsverhältnis hat in der knappen Formel «contemplativus in actione» seinen klassischen Ausdruck gefunden. Das aktive Leben mitten in der Welt ist nicht der Kontemplation untergeordnet, die Kontemplation nicht dem aktiven Leben. Wirklich aktiv sein kann nur, wer ein kontemplatives Leben führt; echte Kontemplation mündet in Aktion. Einem Mitbruder, der von Verwaltungsgeschäften stark beansprucht ist, schreibt Ignatius, die äußeren Geschäfte, die man für Gottes größeren Dienst auf sich nehme, könnten Gott noch wohlgefälliger sein als die Kontemplation. Immer wieder ermutigt er die Menschen, Gott in allen Dingen zu suchen und zu finden, im Gehen, Sehen, Schmecken, Hören, Denken, überhaupt in allem, was wir tun.

Das ist höchst zeitgemäß. Es entspricht dem «neuen Mönch», von dem Raimon Panikkar sagt, er sei auf Marktplätzen, in Versammlungsräumen und Treffpunkten der modernen Gesellschaft nicht weniger zu finden als in Kirchen. Gerade dank der Exerzitien können wir heute ähnliche Erfahrungen mit Gott und der Welt machen, wie sie Ignatius gemacht hat. Wir können erfahren, daß Gott in allen Dingen wohnt und wirkt und also überall und immer gefunden werden kann – und daß er uns überall finden will.

HINWEISE FÜR DIE PRAXIS

In den bisherigen Darlegungen habe ich wiederholt wichtige Elemente des ignatianischen Weges genannt. Ich empfehle Ihnen zum Beispiel, die Gedanken zu «Wähle das Leben» nachzulesen. Die folgenden Hinweise mögen Ihnen helfen, sich noch einen genaueren Eindruck zu verschaffen von der Spiritualität des Ignatius, wie sie in dem Exerzitienbuch ihren Niederschlag gefunden hat.

Ein Buch, «um sich zu üben»

Exerzitien sind *Übungen*. Das versteht sich. Übungen wie das «Umhergehen, Wandern und Laufen». So sagt es Ignatius zu Beginn des Exerzitienbuches. Es sind *geistliche* Übungen, da es darum geht, «das Gewissen zu erforschen, sich zu besinnen, zu betrachten, mündlich und geistig zu beten, . . . sein Leben zu ordnen, ohne sich durch irgendeine Anhänglichkeit bestimmen zu lassen, die ungeordnet ist» (EB 1. 21).

Bereits beim Durchblättern des Exerzitienbuches fällt der Übungscharakter auf. Da begegnen wir «Vorbereitungsgebeten», «Vorübungen», «Punkten», «Regeln», «Anweisungen», «Wiederholungen«, «Zusätzen» . . . Es wird erwartet, daß jene, die die Übungen machen, fünfmal am Tag eine volle Stunde meditieren, sich sorgfältig darauf vorbereiten und nach der Übung Rückschau halten. Ignatius weiß: Das erklärte Ziel der Exerzitien, nämlich sein Leben zu ordnen, wird nicht erreicht ohne einen gewissen Rahmen und ohne das Einhalten von Regeln. Dabei ist Ignatius beweglich und will die Anweisungen «personenzentriert», wie wir heute sagen, verstanden wissen: «Man soll darin, Dunkelheit oder Helligkeit zu haben, gutes oder verschiedenes Wetter auszunützen, soviel einhalten, wie derjenige, der sich übt, verspürt, daß es ihm dazu nützen und helfen kann, zu finden, was er wünscht» (EB 130). Bei der Betrachtung über die Auferstehung Christi wird diese Anweisung präzisiert, um die Freude leichter zu erreichen: «Im Sommer durch Frische, im Winter durch Sonne und Wärme» (EB 229).

Die Formulierung «zu finden, was ich wünsche» oder «das zu erbitten, was ich will», drückt jenes für Ignatius typische Zusammenwirken zwischen menschlichem Wollen und Tun und der Gnade Gottes aus. Zugleich wird darin deutlich: Üben ist nicht ein wahlloses Hin und Her. Üben ist immer zielgerichtet. Es schließt Gelingen oder Mißlingen, aber auch eine mit der Zeit größere Leichtigkeit mit ein. Übende erfahren die Freude des Entdeckens: Wie wird es sein, und wie werde ich sein, wenn ich mich nicht mehr von Launen und Stimmungen, von geheimen Urteilen und Vorlieben leiten lasse? Ich werde frei sein. Freiheit ist denn auch das Ziel der Übung. Die Freiheit, zu wählen und das zu tun, was mich am meisten glücklich macht, weil es die tiefste Sehnsucht meines Herzens zu stillen vermag. In einem Brief drückt es Ignatius so aus: «Wahre dir in allen Dingen die Freiheit des Geistes. Schiele in nichts auf Menschenrücksicht, sondern halte deinen Geist innerlich so frei, daß du auch stets das Gegenteil tun könntest. Laß dich von keinem Hindernis abhalten, diese Geistesfreiheit zu hüten. Sie gib niemals auf.»* Ignatius wußte, daß eine solche Freiheit, die einer «engagierten Gelassenheit» (Teilhard de Chardin) gleichkommt, nicht ohne Übung zu erlangen ist. Darum schrieb er die Exerzitien.

Formen der Exerzitien

Das Interesse an Exerzitien wächst, wohl nicht zuletzt deshalb, weil in Exerzitien-Kursen heute wieder vermehrt ein *ganzheitlicheres Erleben* Platz hat. «Vortrags-Exerzitien» gehören der Vergangenheit an. Nicht nur die Fähigkeit zu horchen

---

* Ignatius von Loyola, Geistliche Briefe, eingeführt von Hugo Rahner, Einsiedeln 1956, S. 335.

und zu gehorchen ist gefordert und angesprochen, sondern der ganze Mensch: Das Herz mit seiner Sehnsucht nach einem erfüllteren Leben, nicht weniger als die Phantasie, die uns die Aussagen biblischer Texte tiefer erfassen und besser verstehen läßt. Im Zuge der Wiederentdeckung oder der Übernahme verschiedener Formen der Meditation wird in Exerzitien auch dem Leibe mehr Aufmerksamkeit geschenkt. Dies geschieht übrigens ganz im Sinne des Ignatius, der mir empfiehlt, ich solle «in die Betrachtung eintreten, bald kniend, bald auf der Erde ausgestreckt, bald auf dem Rücken mit dem Gesicht nach oben, bald sitzend, bald stehend, indem ich stets auf der Suche nach dem bin, was ich will» (EB 76).

Was die *Dauer* betrifft, so sieht Ignatius vor, daß die Exerzitien ungefähr 30 Tage dauern. Je nach Reife und Bereitschaft derer, die die «Übung empfangen», sind auch weniger anspruchsvolle Exerzitien von kürzerer Dauer möglich (EB 18). «Gruppen-Exerzitien» kennt Ignatius nicht. Der spirituelle Prozeß ereignet sich in der Beziehung des einzelnen Menschen mit Gott. Aufgabe des Begleiters oder der Begleiterin ist es, «unmittelbar den Schöpfer mit dem Geschöpf wirken zu lassen und das Geschöpf mit seinem Schöpfer» (EB 15).

Heute werden Exerzitien meist in *kleinen Gruppen* angeboten. Dabei hat das tägliche Gespräch mit dem Begleiter oder der Begleiterin einen festen Platz im Programm. Neben der Vollform der Exerzitien von 30 Tagen Dauer werden meist achttägige Kurse angeboten. In den letzten Jahren sind vermehrt *«Exerzitien im Alltag»* gefragt, eine Form, die übrigens bereits Ignatius gekannt hat. Während mehrerer Monate treffen sich Menschen wöchentlich und erhalten methodische und inhaltliche Anleitungen für die tägliche Betrachtung, welche etwa eine Stunde dauern soll. Der Vorteil bei dieser Form der Exerzitien ist, daß die oft so schwierige Umstellung aus der Abgeschiedenheit eines Exerzitienhauses zurück in den bewegten Alltag vermieden wird. Andererseits ist es schwieriger, allein zu Hause und ohne einen hilfreichen äußeren Rahmen zu meditieren.

Die Rolle der Begleitung

Es zeigt sich, daß bei Exerzitien eine *sorgfältige Begleitung* unerläßlich ist. Exerzitien haben nur dann eine Chance, wenn die Übenden in regelmäßigen Gesprächen Ermutigung erhalten und Hilfen bekommen, die «Geister», die sich mehr oder weniger deutlich melden, zu unterscheiden. In den regelmäßigen Gesprächen mit der Begleiterin oder dem Begleiter werden unter anderem folgende Fragen erörtert: Welche Gefühle, freudige und traurige, habe ich? Welche Erfahrungen und Stimmungen begleiten mich bei der täglichen Betrachtung bestimmter biblischer Texte oder auch während des Tages? Welche Botschaft geben mir diese «Stimmungen»? Eine sorgfältige Begleitung ist auch und gerade für die Exerzitien im Alltag wichtig. Im Betrieb des Alltags vermögen sich die Geister weniger zu regen als in der Stille und Abgeschiedenheit bei sogenannten geschlossenen Exerzitien.

Abschließend halte ich fest:

Exerzitien sind ein klassisches Mittel, sich selbst besser zu erkennen, seine ganz individuelle Berufung zu entdecken, das Leben entsprechend neu auszurichten und in eine persönliche Beziehung zu Christus zu treten. Richtig vollzogen, führen sie zur Erfahrung tiefer Freude, die uns niemand in der Welt geben, die uns aber auch niemand nehmen kann. Eine Freude, die uns zum Dienst an den Mitmenschen und an der Welt drängt.

IV. DER WEG ENTSTEHT
IM GEHEN

Einen Weg kenne ich erst, wenn ich ihn gegangen bin; er entsteht im Gehen. Es fällt mir aber leichter, aufzubrechen und einen Weg zu gehen, wenn ich in etwa weiß, was mich unterwegs erwartet und worauf ich besonders zu achten habe. Der sprichwörtliche gute Wille – wo ein Wille, da ein Weg – genügt nämlich nicht. Umgekehrt ist auch gefahren: Wo ein Weg, da ein Wille. In diesem Sinne verstehe ich die folgenden Punkte als Wegweisung. Sie fassen die *Hinweise für die Praxis*, die ich zu den skizzierten Wegen gegeben habe, zusammen und ergänzen sie.

Vollständigkeit wird dabei nicht angestrebt. Vieles bleibt ungesagt. Was aber gesagt wird, gilt für alle spirituellen Wege und nicht nur für jene, die ich in diesem Büchlein kurz dargestellt habe.

MEDITIEREN MIT LEIB
UND SEELE

Spiritualität ist ein großes Wort. Wir denken dabei an etwas Hohes, Erhabenes und vergessen vielleicht, daß Spiritualität mit dem Boden zu tun hat, auf dem wir stehen, und mit dem Leib, den wir haben, oder besser: der wir *sind*. Der Leib drückt untrüglich meine innere Verfassung aus, so daß wir formulieren dürfen: Zeige mir, wie du *stehst,* und ich sage dir, wie es um dich steht. Zeige mir, wie du *gehst,* und ich sage dir, wie es dir geht. Zeige mir, wie du *läufst,* und ich sage dir, wie es bei dir läuft. Das richtige Im-Leibe-Sein ist von großer Bedeutung nicht nur für einen spirituellen Weg, sondern für das Menschsein überhaupt. Es ist daher angebracht, etwas länger bei diesem Thema zu verweilen.

«Bruder Esel» nannte Franz von Assisi seinen Leib. Doch er behandelte diesen «Esel» vermutlich verstehender und feinfühliger als wir, die wir ihn wohl «Sklave» oder «Roboter» nennen müßten. Was ist er wirklich, der Leib, und warum führt kein echter spiritueller Weg an ihm vorbei?

Der Leib ist etwas, was den Menschen – ähnlich wie das Heilige in der Beschreibung von Rudolf Otto – fasziniert und vor dem er zurückschreckt. «Einerseits ist die Materie die Last, die Kette, der

Schmerz, die Sünde und die Bedrohung unseres Lebens... Durch die Materie sind wir plump, gelähmt, verwundbar und schuldig. Wer erlöst uns von diesem Körper des Todes? Aber die Materie ist gleichzeitig auch die körperliche Freude, die Berührung, die erhöht, die Anstrengung, die männliche Kraft verleiht, und die Freude am Wachstum.» Was hier Teilhard de Chardin von der Materie sagt, das gilt auch für den Leib. Er ist gefahrendrohende Unheimlichkeit und beglückendes Geheimnis zugleich. Was Wunder, wenn die Versuche, mit dem Leib ins reine zu kommen, sich widersprechen. Es gab und gibt im Grunde zwei Versuche.

Den ersten Versuch, mit dem Leib fertig zu werden, möchte ich den *spiritualistischen* nennen. Dieser betrachtet den Leib als ein wirres Bündel von Trieben, die nicht nur beherrscht, sondern besiegt, ja abgetötet werden müssen. Wer möchte bezweifeln, daß die Kirche in einer falsch verstandenen Aszese dieser Haltung Vorschub geleistet hat. Höchstes Ideal ist der Engel, höchstes Ziel die Leibfreiheit, also eine reine Geistigkeit. Aber eine «reine» Geistigkeit ist un-menschlich, das heißt dem Menschen nicht gemäß. Sie schlägt nicht selten um in Brutalität und führt zu Unmenschlichkeiten wie Hexen- und Ketzerverbrennungen. Treffend sagt Blaise Pascal: «Wer den Engel will, schafft das Tier.»

Wenn der erste Versuch, mit dem Leib in seiner

Zwiespältigkeit fertig zu werden, diesen verteufelt, so vergottet und vergötzt ihn der zweite, den wir den *materialistischen Versuch* nennen wollen. Und so, wie im ersten Fall der Leib negiert und abgetötet wird, so wird hier der Geist getötet, und zwar mit erstaunlichem Erfolg: Leistungssport, Body-building- und Fitneßpraktiken, Schönheitskonkurrenzen sind nicht selten geist- und seelenlos.

Die genannten Grundeinstellungen dem Leib gegenüber widersprechen sich nur vordergründig. Spiritualisten und Materialisten sind beide im selben Spital krank. Sie teilen und reißen auseinander, was zwar *unter*schieden, aber nicht *ge*schieden werden kann. Sie spielen den einen Teil – den Leib *oder* die Seele – gegen den anderen Teil aus – zum Schaden beider. Die Lösung ist demnach nicht ein «Entweder-oder», sondern ein «Sowohl-als-auch».

Leib und Seele gehören zusammen. Das wird heute mehr und mehr gesehen: in der Medizin, in der Psychologie und nicht zuletzt in der spirituellen Anleitung. So schreibt zum Beispiel Roger Schutz, der Gründer der Gemeinschaft von Taizé, in seinem Tagebuch *Ein Fest ohne Ende:* «Wieder einmal fragte mich ein junger Mensch, was das Gebet für ihn bedeuten könne. Ich erklärte ihm zunächst: ‹Suchen Sie keine Antwort, die Ihr Menschsein überspringt. Ich meinerseits wüßte nicht, wie ich beten sollte ohne Einbeziehung des Leibes. Ich bin kein Engel und beklage mich darüber auch nicht. Es gibt Perioden, in denen ich den Eindruck habe, als betete ich mehr mit dem Leib als mit dem Geist. Ein Gebet auf dem bloßen Boden: niederknien, sich niederwerfen, den Ort betrachten, wo Eucharistie gefeiert wird, die beruhigende Stille ausnutzen und selbst die Geräusche, die aus dem Dorf heraufdringen. Der Leib ist da, ganz gegenwärtig, um zu lauschen, zu begreifen, zu lieben. Wie lächerlich, nicht mit ihm rechnen zu wollen!›»

Wie lächerlich, nicht mit dem Leib rechnen zu wollen. Die Meditation rechnet damit. Meditation und nicht nur Essen und Trinken hält Leib und Seele zusammen, hilft die heillose Zweiteilung zu überwinden. Wenn ich still und aufrecht sitze, oder mich gleichmäßig im Rhyhtmus bewege, wenn ich dabei ruhig und regelmäßig atme, werde ich meines Leibes inne, nicht im objektivierenden, gegenständlichen, sondern im «inständlichen» Erkennen. Das verlangt Übung. Mit der Zeit führt das äußere Sichloslassen zur inneren Gelassenheit – und umgekehrt. Dann werden «außen» und «innen», Leib und Seele zu einer Ganzheit. Der *Mensch* wird ganz und mehr er selber.

Neben der richtigen Haltung im Leibe ist der Atem eine entscheidende Hilfe bei der Meditation. Dies gilt nicht nur für das Zen, wenn freilich hier

Haltung und Atmung besonders eingeübt werden können. Um die Bedeutung des Atems für die innere Sammlung wußten, wie wir bereits gesehen haben, auch die griechischen Mönchsväter: Unregelmäßiges Atmen zerstreut, regelmäßiges, ruhiges Atmen fördert die «Einkehr des Geistes».

Wie sollen wir also atmen? Die Antwort lautet: natürlich und ruhig. Wie oft sagte mir Meister Yamada zu Beginn meiner Zen-Schulung, ich solle «naturally and quietly» atmen, natürlich und ruhig. So einfach dies scheint, so schwierig ist es. Dazu kommt, daß wir im Bemühen, richtig zu atmen, den natürlichen Lauf des Atems stören. Mit der fortgesetzten Übung gelingt es aber, mit dem Atem eins zu werden, ihn also nicht als Objekt zu betrachten, sondern so, als wär's ein Stück von mir. Und das ist er auch. Mehr noch: Er ist mein Leben.

Übrigens: Ähnlich wie Meditation ist auch das wiederentdeckte Fasten eine ganzheitliche Übung, die den Menschen mit Leib und Seele und mit all seinen Kräften fordert. Aus verschiedenen Gründen (Umstellungsprobleme beim Fasten, andere Form der «Konzentration» usw.) ist das Fasten jedoch bei strengen Meditations- sowie Exerzitienkursen nicht zu empfehlen.[*]

---

[*] Vgl. dazu: Niklaus Brantschen, Fasten neu erleben, Freiburg 1992, S. 65.

MEDITIEREN ALLEIN UND
MIT ANDEREN

Kein Mensch ist eine Insel. Wir stehen alle in einer Gemeinschaft, derer wir bedürfen und die unser bedarf. Auch für die Praxis der Meditation ist deshalb das Verhältnis zwischen «allein sein» und «in Gemeinschaft stehen» von Bedeutung. In seinem Buch *Gemeinsames Leben* hat Dietrich Bonhoeffer über dieses Verhältnis nachgedacht. Unter dem Titel *Der einsame Tag* schreibt er: *«Wer nicht allein sein kann, der hüte sich vor der Gemeinschaft . . . Wer nicht in der Gemeinschaft steht, der hüte sich vor dem Alleinsein.»*

Diese Sätze – die Hervorhebung stammt von ihm selbst – kommentiert Bonhoeffer so: «Wir erkennen: nur in der Gemeinschaft stehend können wir allein sein, und nur wer allein ist, kann in der Gemeinschaft leben. Beides gehört zusammen. Nur in der Gemeinschaft lernen wir recht allein sein und nur im Alleinsein lernen wir recht in der Gemeinschaft stehen. Es ist nicht so, daß eins vor dem andern wäre, sondern es hebt beides zu gleicher Zeit an . . . Jedes für sich genommen hat tiefe Abgründe und Gefahren. Wer Gemeinschaft will ohne Alleinsein, der stürzt in die Leere der Worte und Gefühle, wer Alleinsein sucht ohne Gemeinschaft, der kommt im Ab-

124

grund der Eitelkeit, Selbstvernarrtheit und Verzweiflung um.»*

Meditierende brauchen die anderen, die Gruppe, die Gemeinschaft, und zwar konkret. Kein Mensch wird auf die Dauer im Alleingang eine fruchtbare Zen-Meditation praktizieren. Er braucht mindestens von Zeit zu Zeit die Gruppe. Dies gilt auch für die christliche spirituelle Praxis. «*Ein* Christ ist kein Christ», lautet ein altes Wort (unus christianus nullus christianus). Es braucht mindestens zwei oder drei, die sich gegenseitig im Glauben stärken und miteinander spirituell unterwegs sind.

Die Gefahr des Alleinseins und die Chancen jener Stille, die Gemeinschaft fördert, hat Jewgeni Jewtuschenko in einem Gedicht, das den Titel *Stille* trägt, treffend zum Ausdruck gebracht.

> Ich denke an eine bestimmte Stille,
> in der jedes Wort sagt, was ich
> meine; in der Schweigen und Sprechen
> exakte Bedeutung erhalten.
>
> Ich denke an eine bestimmte Distanz
> von meinen Worten zu meinen Gedanken.
> Dieser Weg ist der Preis
> und der Inhalt meines Lebens.

---

* Dietrich Bonhoeffer, Der gemeinsame Tag, München [12]1966, S. 65.

In dir finde ich Stille und
Raum – und ich schäme mich meiner
großen leeren Gesten, meiner großen
hohlen Worte von gestern.

Ich schreibe jetzt neue,
leise Gedichte.
Gedichte, die sich wie Berge
spiegeln in allen Fenstern.

Früher war ich so eitel, daß ich
jedes Gefühl für Dimensionen verlor.
Ich glaubte die Zeit einzuholen
– und verpaßte doch alles.

Ich dachte: ich bin der Beste.
Tat geschäftig, suchte Erfolg und
Krawall. Heute frage ich mich:
was ist hier dabei?

Verzeiht mir. Ich verspreche
euch – und auch dir,
daß ich aufhöre mit diesem Kram
und ganz mit euch komme;

und bei euch bleibe mit meinen Freuden
und Nöten. Ich habe die
Kraft der Stille erfahren und sehe:
alles andere bleibt unter dem Strich.

In der Stille liegt eine gemeinschaftsfördernde
Kraft. Menschen, die meditieren, begegnen Dingen und anderen Menschen gleichsam auf Du und
Du, als wären sie mit allen verwandt – und sie sind
es auch. Das im Zen übliche Wort für Gemeinschaft «sangha» bezeichnet nicht zufällig die Verwandtschaft aller Dinge sowie aller vergangenen,

gegenwärtigen und zukünftigen Wesen unterein-
ander.

Der Titel «Meditieren allein und mit anderen»
muß also ergänzt werden: Meditieren *für* andere.
Meditation ist nicht Privatsache.

MEDITIEREN IST LERNBAR

Anfangen, dabeibleiben, wiederholen

Selbst die längste Reise beginnt mit dem ersten Schritt. Dies gilt auch für die «Reise nach innen» (Dag Hammarskjöld). «Fang einfach an. Um gehen zu lernen, muß man den ersten Schritt wagen; um schwimmen zu lernen, muß man sich ins Wasser stürzen. Genauso ist es bei der Anrufung des Namens. Beginne ihn ehrfürchtig und liebevoll auszusprechen. Bleibe fest dabei. Wiederhole ihn.» Was hier ein unbekannter Mönch der Ostkirche für die Übung des Jesusgebetes empfiehlt, das gilt auch für die anderen spirituellen Wege, die ich in diesem Buch kurz beschrieben habe. Ja, es gilt für jede Übung, die mir hilft, mein Leben vor allzu vielen Zufälligkeiten zu schützen, ihm einen gewissen Tiefgang und eine bestimmte Richtung zu geben. Es gilt zum Beispiel auch vom täglichen sorgfältigen Schreiben eines Tagebuches. «Nulla dies sine linea», nannten das die Römer: Kein Tag ohne eine Zeile!

Anfangen, dabei bleiben, wiederholen – das ist kinderleicht. Kinder können immer wieder dieselbe Geschichte, dasselbe Märchen hören. Sie lassen im Sandkasten den Sand durch die Finger rinnen, immer wieder, um zu erfahren und zu spüren, wie das ist. Sie wiederholen denselben Vers eines Liedes, noch und noch. Sie machen Schritte, stolpern, fallen hin, stehen wieder auf. Das Anfangen, das Dabei-bleiben, die Wiederholung, kurz: die *Übung* fällt Kindern leicht. Uns Erwachsenen fällt sie schwer, gerade weil alles so einfach ist und weil wir meinen, es müsse schwierig sein, und wenn wir es erreichen, müsse es ein für allemal erreicht sein. Eine Übung, auch und gerade eine spirituelle Übung, muß aber einfach sein und wiederholbar.

Vier Voraussetzungen

Im einzelnen lassen sich die vier Voraussetzungen, die Erich Fromm für die «Kunst des Liebens» (Ullstein-Taschenbuch) nennt, auch auf die Kunst des Meditierens anwenden:

Disziplin ist die erste und eine wichtige Voraussetzung. Man könnte meinen, der heutige Mensch habe ein Gespür für Disziplin, wird er doch in der Schule und besonders bei der Arbeit dazu angehalten. Das ist zwar richtig, aber es entsteht dadurch auch ein gewisser Überdruß. In der Freizeit wenigstens, im privaten Raum möchte der Mensch sich gehen lassen, sich zerstreuen. Aber ohne Disziplin ist menschliches Leben nicht möglich. Fromm sagt: «Ohne Disziplin wird das Leben zersplittert und chaotisch, und es fehlt an Konzentration.» Es geht beim Meditieren nicht ohne eine gewisse Ordnung, nicht ohne Regeln. Ordnung und Regeln sind nicht alles, aber ohne Regeln, ohne äußere Ordnung, ohne einen bestimmten Rahmen geht es nicht.

Konzentration: Sie ist noch seltener anzutreffen als Disziplin, und zwar aus folgendem Grund: «Man tut vielerlei gleichzeitig. Zu gleicher Zeit liest man, hört man Radio, redet, raucht, ißt und trinkt. Wir sind die Konsumenten mit dem stets geöffneten Mund, begierig und bereit, alles zu verschlingen – Bilder, Schnaps und Wissen. Dieser Mangel an Konzentration kommt auch darin deutlich zum Ausdruck, daß es uns schwerfällt, mit uns allein zu sein.» Konzentration – wörtlich heißt dies: zur Mitte finden – ist nicht nur Voraussetzung, sie ist schon der Prozeß der Meditation.

Geduld ist eine weitere unerläßliche Voraussetzung. Wer auf raschen Erfolg aus ist, wird immer enttäuscht werden. Wir können nicht erwarten, in ein paar Stunden oder gar an einem Abend das zu lernen, was wir vielleicht jahrelang vernachlässigt haben, nämlich still zu sitzen, Zeit zu haben, ruhig zu werden, uns zu konzentrieren, uns zu sammeln, zu uns zu kommen. Weil wir es «gut machen wollen», verspannt sich der Körper; aus dem Wunsch weiterzukommen wird eine zwanghafte Vorstellung, die es wiederum zu lassen gilt. Die

Übung verlangt eine Balance zwischen totalem Loslassen und vollem Einsatz. «Geduld erreicht alles», sagt die Große Theresa.

Die Überzeugung, daß das, was ich tun will, für mich *wichtig* ist, gehört nach Fromm zur vierten Voraussetzung. Es ist eine alte Tatsache, daß ich Zeit und Raum nur für etwas finde, das mir am Herzen liegt, das mir wichtig ist. Wenn ich nicht zutiefst überzeugt bin, daß Meditation für mein Leben wichtig sein kann, erlerne ich sie nie, weil hundert andere Dinge sich vordrängen und mich von meinem Vorhaben, mir eine halbe Stunde Zeit zu nehmen, abbringen.

Dies sind, in Anlehnung an Erich Fromm, die Voraussetzungen zur Meditation.

Üben im Zeichen der Hoffnung

Es bleibt mir eine Voraussetzung von noch größerer Bedeutung zu nennen: Die *Hoffnung*. «Übung ist ein Akt der Hoffnung». Dieses alte Weisheitswort gibt zu denken. Es besagt: Bei Menschen, die bereit sind, sich «geistlichen» oder anderen Übungen zu unterwerfen, ist die Hoffnung nicht gestorben. Sie sind überzeugt, daß noch Möglichkeiten in ihnen stecken, daß sich noch etwas ändern kann, daß nicht alles bleiben muß, wie es ist. Der Ausdruck in den Augen eines Kindes erinnert

uns an diese menschliche Fähigkeit. Der Schluß-
satz von Ernst Blochs bekanntem Buch *Prinzip
Hoffnung* lautet denn auch: Es gibt in der Welt
etwas, «das allen in die Kindheit scheint und worin noch niemand war: Heimat». Heimat haben
wir schon erfahren, aber wir haben noch nicht *die*
Heimat erfahren. Darum lebt in uns ein Heimweh
und eine Sehnsucht; darum suchen und fragen
wir; darum sind wir unterwegs, und unsere End-
station noch wird Sehnsucht heißen.

Muß das sein? Sind wir die ewig Hoffenden und
immer wieder neu Enttäuschten und Frustrierten?
Hängt die Sehnsucht gleichsam in der Luft? Ist ihre
Erfüllung ein schöner Wunschtraum, den wir «am
Fenster sitzend träumen, wenn es Abend wird»
(Franz Kafka)? Kommt nie der Tag, an dem die
Erfüllung endlich erfolgt und die Sehnsucht ge-
stillt wird? Ich meine doch, und zwar dank einer
Meditation, in der wir übend das zu erlangen
versuchen, was wir im Grunde schon haben. So
gesehen, können wir folgende Unterscheidung
machen:

Meditation als Übung und als Zustand

Meditation als Übung lebt von der Hoffnung auf ein
verändertes, sinnerfülltes Leben für mich wie für
andere – mitten in dieser Welt und in dieser Zeit.

Meditation als Zustand lehrt uns, in der einzigen Zeit zu leben, die uns wirklich gehört: in der Gegenwart. Sie lehrt uns, nicht ängstlich verspannt und erfolglos in den Zeiten herumzuirren, die uns nicht mehr oder noch nicht gehören: der Vergangenheit und der Zukunft. Ein Abschnitt aus dem Roman von Robert M. Pirsig «Zen und die Kunst, ein Motorrad zu warten»* kann dies – einmal mehr am Bild des Bergsteigens – verdeutlichen:

«Dem ungeübten Beobachter erscheinen vielleicht ichbezogenes Bergsteigen und ichloses Bergsteigen als ein und dasselbe. Obwohl grundverschieden, setzen beide Bergsteiger einen Fuß vor den anderen. Beide atmen im selben Rhythmus ein und aus. Beide machen Rast, wenn sie müde sind. Beide gehen weiter, wenn sie sich ausgeruht haben. Aber welch ein Unterschied! Der ichbezogene Bergsteiger ist wie ein falsch eingestelltes Gerät. Er setzt seinen Fuß einen Augenblick zu früh oder zu spät auf. Er übersieht wahrscheinlich, wie schön das Sonnenlicht in den Bäumen spielt. Er geht immer noch weiter, wenn die Unsicherheit seiner Schritte schon anzeigt, daß er müde ist. Er macht zu wahllosen Zeiten Rast. Er schaut den Weg hinauf, um zu sehen, was ihn erwartet, auch wenn er es schon weiß, weil er eine Sekunde zuvor schon einmal hinaufgeschaut hat. Er geht zu schnell oder zu langsam für die herrschenden Bedingungen, und wenn er redet, spricht er unweigerlich von anderswo, von etwas anderem. Er ist hier und ist doch nicht hier. Er lehnt sich auf gegen das Hier, ist

---

* Frankfurt 1976, S. 223.

unzufrieden damit, möchte schon weiter oben sein, doch wenn er dann oben ist, ist er genauso unzufrieden, weil eben jetzt der Gipfel das ‹Hier› ist. Worauf er aus ist, was er haben will, umgibt ihn auf allen Seiten, aber das will er nicht, *weil* es ihn auf allen Seiten umgibt. Jeder Schritt ist eine Anstrengung, körperlich wie geistig-seelisch, weil er sich sein Ziel als äußerlich und weit weg vorstellt.»

Der Weg ist in uns, und er entsteht im Gehen. Dies lehrt uns Meditation als Zustand und als Übung.

Verschiedene Wege habe ich in diesem Büchlein dargestellt: Den Weg des Russischen Pilgers, den Weg des Zen und jenen des Ignatius von Loyola. Diesen – und allen spirituellen Wegen – ist unter anderem folgendes gemeinsam:

– Spirituelle Übungen sind *einfach und wiederholbar.* Einfach und wiederholbar wie das Anrufen des Namens Jesu; einfach und wiederholbar wie das Achten auf den Atem und wie ein Schritt beim Gehen zwischen zwei Meditationen; einfach und wiederholbar wie die Bitten des Vaterunsers, bei denen Ignatius lange zu verweilen empfiehlt.

– Spirituelle Wege machen *offen für die anderen und für die Probleme der Welt.* Der Russische Pilger lernt die «Sprache der Kreatur» verstehen; der Weg des Zen endet auf dem Marktplatz bei den Menschen; Kontemplation im Sinne des Ignatius ruft geradezu nach der Aktion.

134

– Spirituelle Wege *sind uns nahe* und lassen sich nicht in der Ferne finden. *Was uns ferne ist, ist nicht der Weg.* Diese östliche Weisheit gilt auch für den christlichen Meditationsweg. Solange wir Gott «draußen» suchen und nicht in uns und in allen Dingen, finden wir ihn nicht.

Wie immer Sie üben, wer immer Sie dazu ermutigt, von welchen Büchern und Schriften Sie sich anregen lassen, oder welche Kurse Sie auch besuchen, vergessen Sie nicht, was ich Ihnen zu sagen nicht müde werde: Das innere Gebet und Meditation sind sowohl ein Zustand als auch der Weg zu diesem Zustand. Anders gesagt: Sie sind eine uns geschenkte Möglichkeit, die wahrzunehmen unserem wahren Wesen entspricht und unsere Sehnsucht nach Glück zu stillen vermag.

Der Weg ist in dir.

WEITERFÜHRENDE LITERATUR

I. Der Russische Pilger

Im folgenden nenne ich einige Bücher, vorweg die *Aufrichtigen Erzählungen* selbst, die mir Wegweisung waren und sind:

Aufrichtige Erzählungen eines Russischen Pilgers. Herausgegeben und eingeleitet von Emmanuel Jungclaussen, Freiburg [17]1989.
  Das Buch ist in seiner Klarheit und Direktheit bestens geeignet, Leserinnen und Leser zu ermutigen, es mit dem inneren Gebet selbst einmal zu versuchen. Die Einführung von Jungclaussen – seit der 16. Auflage noch griffiger gestaltet – ordnet *Aufrichtige Erzählungen eines Russischen Pilgers* in die Geschichte ostkirchlicher Spiritualität ein und zeigt ihre Bedeutung für die heutige Zeit auf.

Alfons Rosenberg (Hrsg.), Das Herzensgebet. Mystik und Yoga der Ostkirche, Weilheim 1955.
  Im Nachwort bietet G. Frei gute Hilfen für den praktischen Vollzug des inneren Gebets.

Kleine Philokalie. Belehrungen der Mönchsväter der Ostkirche über das Gebet. Ausgewählt und übersetzt von Matthias Dietz, eingeleitet von Igor Smolitsch. Zürich [3]1989.
  Die fachmännische Einleitung, die knappen, aber sehr hilfreichen Anmerkungen sowie die biographischen Notizen zu den einzelnen Mönchsvätern werden die Leserinnen und Leser zu schätzen wissen.

Das Jesusgebet. Anleitung zur Anrufung des Namens Jesus. Von einem Mönch der Ostkirche. Herausgegeben und eingeleitet von Emmanuel Jungclaussen, Regensburg 1967.

Der Wert dieses kleinen Bändchens, das erstmals 1949 in englischer Sprache erschienen ist, liegt vor allem darin, daß der Autor, ein Mönch der Ostkirche, sowohl in der christlich-abendländischen wie in der orthodoxen Tradition beheimatet ist.

Jean Lafrance, Das Herzensgebet, Münsterschwarzach 1988.

Lafrance stellt treffend heraus, wie der Mensch selbst Gebet ist.

II. Der Weg des Zen

Der Ochs und sein Hirte. Eine altchinesische Zen-Geschichte, erläutert von Meister Daizohkutsu R. Ohtsu, Pfullingen [5]1985.

Zu den bekanntesten uns erhaltenen Bildern gehören die des japanischen Zen-Mönchs Shuhbun († 1454). Diese Bilder haben wir zusammen mit einem Begleittext von Tsi-yüan, einem Zen-Priester aus der geistigen Nachfolgeschaft Kuo-ans, im vorliegenden übernommen. Ohtsu führt zu den Bildern und zum Text von Tsi-yüan *drei Lobgedichte* an, von denen vor allem das erste, es stammt von Kuo-an, dem Schöpfer der Bildgeschichte, Zen-Geist atmet.

Philip Kapleau (Hrsg.), Die drei Pfeiler des Zen, Bern [7]1987.

Dieses Werk enthält die grundlegende Unterweisung und die Einführung in die Übung des Zazen von Yasutani Roshi, dem Mitbegründer der oben erwähnten Sanbō-Kiōdan-Gruppe.

Robert Aitken, Zen als Lebenspraxis, München 1988.

Das Taschenbuch stellt Kapitel für Kapitel einen systematischen Leitfaden dar für die Praxis des Zazen. Es eignet sich für Anfänger und Anfängerinnen wie für Fortgeschrittene.

Yamada Kōun Roshi, Mumonkan. Die torlose Schranke. Zen-Meister Mumons Kōan-Sammlung, München 1989.

«Dieses Buch ist für alle Menschen, die auf dem Zen-Weg sind, sehr empfehlenswert. Aber ich glaube auch, daß Menschen, die nur ein Interesse am Zen haben, ohne sich selbst der Übung hinzugeben, dieses Buch mit Freude und Gewinn lesen werden.» (Hugo M. Enomiya-Lassalle)

Hugo M. Enomiya-Lassalle, Mein Weg zum Zen, München 1988.

Die reich illustrierte Autobiographie eines Menschen, der Brücken gebaut hat zwischen der Geisteshaltung des Zen und der christlichen Spiritualität.

Ruben Habito, Barmherzigkeit aus der Stille. Zen und soziales Engagement, München 1990.

Das Buch legt überzeugend dar, wie die Praxis des Zen zu einer Quelle der Kraft im Einsatz für Gerechtigkeit und Frieden werden kann.

III. Der spanische Pilger

Ignatius von Loyola, Der Bericht des Pilgers, übersetzt und erläutert von Burkhart Schneider, Freiburg [2]1991.

Der Bericht des Pilgers ist ein Stück Autobiographie des Ignatius von Loyola: Kriegsverletzung und Bekehrung, Pilgerfahrt nach Jerusalem und Gefängnis, mystische Erleuchtung und Hochschulstudium, Abfassung der Exerzitien und Gründung des Jesuitenordens.

Ignatius von Loyola, Geistliche Übungen. Übertragung aus dem spanischen Urtext, Erklärung der 20 Anweisungen von Adolf Haas, Freiburg 1966.

Anders als *Der Bericht des Pilgers* sind die *Geistlichen Übungen* oder Exerzitien kein Buch zum Lesen, sondern «um sich zu üben». Es gehört mehr in die Hand derer, die die Übungen begleiten, als in die Hand jener, die sie machen.

Ignacio Tellechea, Ignatius von Loyola «Allein und zu Fuß», Zürich 1991.

Ignacio Tellechea, Historiker und selber Baske, zeichnet in dieser spannend zu lesenden Biographie das Leben des Ignatius von Loyola und stellt dessen Bedeutung für die Entwicklung der Kirche an der Schwelle zur Neuzeit dar.

Josef Stierli, Ignatius von Loyola. Auf der Suche nach dem Willen Gottes, Mainz 1990.

Das Besondere dieser knappen, treffsicheren Lebensbeschreibung des Ignatius von Loyola liegt darin, daß sie die Geschichte seiner Gefährten und Freunde miteinschließt.

Willi Lambert, Aus Liebe zur Wirklichkeit. Grundworte ignatianischer Spiritualität, Mainz 1991.

62 ignatianische Grundworte wie «Weg», «Üben», «Kontemplation in der Aktion» werden für unser Leben gedeutet. Ein origineller Zugang zu Ignatius und seiner Botschaft für die heutige Zeit.

Karin Johne, Geistlicher Übungsweg für den Alltag. Ein Kursangebot, Graz 1987.

Ein hilfreiches Buch für alle, die allein oder in kleinen Gruppen zu Hause, also mitten im Alltag, Exerzitien machen möchten.

Ignatianische Spiritualität. Ein Briefkurs. Zu beziehen über Exerzitien- und Bildungshaus Lainz, Lainzer Straße 138, A-1130 Wien.

Dieser Briefkurs umfaßt sechzehn Lehrbriefe zu acht Seiten, die von einem Team von Jesuiten und Schwestern aus ignatianischen Gemeinschaften erarbeitet wurden. Inhaltlich beschäftigen sich die Briefe mit dem Leben des Ignatius von Loyola, mit seinen Exerzitien sowie mit wichtigen Elementen ignatianischer Lebensweise. Unter dem Stichwort «Konkretisierung» finden sich ganz praktische Hilfen zu einem spirituellen Leben, das sich im Alltag bewährt.